Welcome to
지식인 마을

새싹마을

촘스키가

아크로폴리스

아고라

아인슈타인가

입구

지식인마을 33
데리다 & 들뢰즈
의미와 무의미의
경계에서

지식인마을 33 의미와 무의미의 경계에서
데리다 & 들뢰즈

저자_ 박영욱

1판 1쇄 발행_ 2009. 9. 1.
1판 11쇄 발행_ 2024. 5. 2.

발행처_ 김영사
발행인_ 박강휘

등록번호_ 제406-2003-036호
등록일자_ 1979. 5. 17.

경기도 파주시 문발로 197(문발동) 우편번호 10881
마케팅부 031)955-3100, 편집부 031)955-3200, 팩스 031)955-3111

저작권자 ⓒ 박영욱, 2009
이 책의 저작권은 저자에게 있습니다. 서면에 의한 저자와 출판사의
허락 없이 내용의 일부를 인용하거나 발췌하는 것을 금합니다.

이 서적 내에 사용된 일부 작품은 SACK를 통해 ADAGP와 저작권 계약을 맺은 것입니다.
저작권법에 의하여 한국 내에서 보호를 받는 저작물이므로 무단 전재 및 복제를 금합니다.

Copyright ⓒ 2009 by Park Young Wook
All rights reserved including the rights of reproduction in whole
or in part in any form. Printed in KOREA.

값은 뒤표지에 있습니다.
ISBN 978-89-349-3540-7 04100
       978-89-349-2136-3 (세트)

홈페이지_ www.gimmyoung.com   블로그_ blog.naver.com/gybook
인스타그램_ instagram.com/gimmyoung   이메일_ bestbook@gimmyoung.com

좋은 독자가 좋은 책을 만듭니다.
김영사는 독자 여러분의 의견에 항상 귀 기울이고 있습니다.

지식인마을 33

데리다 & 들뢰즈
Jacques Derrida & Gilles Deleuze

의미와 무의미의 경계에서

박영욱 지음

김영사

Prologue1 지식여행을 떠나며

    파블로 피카소$^{Pablo\ Picasso}$의 1942년작 「황소 머리$^{Tête\ de\ taureau}$」는 얼핏 보면 황소 머리처럼 보이지만 알고 보면 자전거 핸들에 안장을 붙여놓은 것이다. 이 작품을 보는 관객은 작품을 자전거 핸들과 안장으로 보아야 할지, 아니면 황소 머리로 보아야 할지 당황스러울 수밖에 없다. 하지만 이 작품은 바로 그러한 갈등과 모호함 자체를 의도한 것이다. 이 작품을 어떤 뜻이 담긴 하나의 언어라고 가정해보자. 그렇다면 이 작품의 뜻은 자전거 핸들과 안장일 수도 있고, 황소 머리일 수도 있다. 둘 중 어느 것이라고 확고하게 결정된 바는 없다. 바로 이 작품은 언어가 지시 대상으로부터 자유로운 기호라는 구조주의 언어관과 명확하게 일치한다. 물론 피카소 자신은 소쉬르$^{Ferdinand\ de\ Saussure}$의 언어학을 미리 염두에 두고 이 작품을 만들지는 않았다. 소쉬르의 강의안이 출판된 것은 이 작품이 나온 이후다. 그럼에도 우리는 시기적으로 거의 비슷하게 피카소의 예술관이 구조주의 언어학의 사유 체계와 맞물려 있음을 보게 된다. 예술이나 철학이 모두 당대의 현실을 반영한다는 점에서 결코 우연의 일치로만 볼 수는 없다.

    이 책은 데리다와 들뢰즈의 사상을 다루고 있으며, 이들의 사상을 집약적으로 드러낼 수 있는 핵심적인 개념을 설명하고자 한다. 그런데 이런 핵심적인 개념에 접근하기 위해 이들의 예술론 혹은 그들의 사상과 관련이 되는 예술의 사례를 살펴보려 한다. 데리다와 들뢰즈의 예술론만큼 그들의 사유를 효율적으로 보여주는 것이 없을뿐더러, 이들 사유의 진수가 바로 예술론에서 발휘되고 있기 때문이다.

실제로 오늘날 회화, 영화, 건축, 문학 등 많은 비평 이론이 이들의 사유 체계를 바탕으로 하고 있다. 데리다와 들뢰즈에 대한 철학적인 오리엔테이션 없이는 현대 예술을 이해하는 것이 불가능하다고 말하는 사람들이 있을 정도다.

데리다와 들뢰즈가 이렇게 많은 영향력을 끼치는 데는 그만한 이유가 있다. 이들 사상의 핵심이 근대를 어떻게 극복할 것인가에 있기 때문이다. 그리고 이들은 이러한 문제의식에 대한 해답의 모델을 예술에서 찾고 있기 때문이다. 데리다의 핵심이 되는 '차연' 개념이나 들뢰즈의 '차이' 개념은 모두 예술의 패러다임과 관련 있는 것이다. 책 전체를 통해 드러내고자 하는 것도 이러한 문제의식에 대한 해결 방안의 의미다. 크게 보면 이들은 재현주의를 거부하는 사상가라는 점에서 공통점을 찾을 수 있다. 물론 재현주의 혹은 재현적 사고는 데리다보다는 들뢰즈의 핵심적인 용어다. 재현적 사고에 대응하는 데리다의 용어는 로고스 중심주의가 될 것이다. 하지만 궁극적으로는 이들이 추구하는 바가 어떤 절대적이고 고정된 개념으로 세계를 설명하는 이성주의의 극복이라는 점에서 이들의 공격 목표가 재현적 사고라고 말하는 것은 크게 잘못된 일이 아니다.

이 책은 데리다와 들뢰즈가 서로 어떻게 다른 전략으로 재현적 사고를 붕괴시켜 나가는지에 대한 여정을 담고 있다. 데리다와 들뢰즈의 전략은 어떤 점에서는 매우 비슷하게 보인다. 이들은 동일성의 논리를 차이의 논리로 극복하고자 한다. 하지만 이러한 커다란 동질성에도 불구하고 이들의 사유 체계가 반드시 일치하는 것은 아니다. 데리다의 경우 재현적 사고를 공격하고 파괴하는 데 초점을 맞추고 있는 데 반해, 들뢰즈는 그러한 재현적 사고를 극복한 새로운 사유 형태를 어떻게 창출할 것인가에 대해 고민하고 있기 때문이다. 이들의 차이는 건축가들과의 대화를 가상으로 꾸며본 이 책의 '대화' 부분에서 드러내고자 한다.

　데리다나 들뢰즈의 사상이 많은 사람에게 회자되고 다양한 분야에서 폭넓게 사용되어 그들의 주요 개념이 매우 일반화되었음에도, 정작 그 개념들에 대해 명확하게 이해하는 사람은 드문 것 같다. 이런 점에서 데리다와 들뢰즈 사유의 핵심적이고도 근본적인 개념에 접근하고자 하는 사람들에게 이 책이 도움이 될 수 있기를 기대한다.

2009년 8월
박영욱

Prologue2 이 책을 읽기 전에

「지식인마을」 시리즈는…

「지식인마을」은 인문·사회·과학 분야에서 뛰어난 업적을 남긴 동서양 대표 지식인 100인의 사상을 독창적으로 엮은 통합적 지식교양서이다. 100명의 지식인이 한 마을에 살고 있다는 가정하에 동서고금을 가로지르는 지식인들의 대립·계승·영향 관계를 일목요연하게 볼 수 있도록 구성했으며, 분야별·시대별로 4개의 거리를 구성하여 해당 분야에 대한 지식의 지평을 넓히는 데 도움이 되도록 했다.

「지식인마을」의 거리

플라톤가   플라톤, 공자, 뒤르켐, 프로이트같이 모든 지식의 뿌리가 되는 대사상가들의 거리이다.

다윈가   고대 자연철학자들과 근대 생물학자들의 거리로, 모든 과학 사상이 시작된 곳이다.

촘스키가   촘스키, 벤야민, 하이데거, 푸코 등 현대사회를 살아가는 인간에 대한 새로운 시각을 제시한 지식인의 거리이다.

아인슈타인가   아인슈타인, 에디슨, 쿤, 포퍼 등 21세기를 과학의 세대로 만든 이들의 거리이다.

이 책의 구성은

「지식인마을」 시리즈의 각 권은 인류 지성사를 이끌었던 위대한 질문을 중심으로 서로 대립하거나 영향을 미친 두 명의 지식인이 주인공으로 등장한다. 그리고 다음과 같은 구성 아래 그들의 치열한 논쟁을 폭넓고 깊이 있게 다룸으로써 더 많은 지식의 네트워크를 보여주고 있다.

초대 각 권마다 등장하는 두 명의 주인공이 보내는 초대장. 두 지식인의 사상적 배경과 책의 핵심 논제가 제시된다.

만남 독자들을 더욱 깊은 지식의 세계로 이끌고 갈 만남의 장. 두 주인공의 사상과 업적이 어떻게 이루어졌으며, 그들이 진정 하고 싶었던 말은 무엇이었는지 알아본다.

대화 시공을 초월한 지식인들의 가상대화. 사마천과 노자, 장자가 직접 인터뷰를 하고 부르디외와 함께 시위 현장에 나가기도 하면서, 치열한 고민의 과정을 직접 들어본다.

이슈 과거 지식인의 문제의식은 곧 현재의 이슈. 과거의 지식이 현재의 문제를 해결하는 데 어떻게 적용될 수 있는지 살펴본다.

이 시리즈에서 저자들이 펼쳐놓은 지식의 지형도는 대략적일 뿐이다. 「지식인마을」에서 위대한 지식인들을 만나, 그들과 대화하고, 오늘의 이슈에 대해 토론하며 새로운 지식의 지형도를 그려나가기를 바란다.

지식인마을 책임기획 장대익
동덕여자대학교 교양교직학부 교수

Contents 이 책의 내용

Prologue1 지식여행을 떠나며 · 5
Prologue2 이 책을 읽기 전에 · 8

초대

개념 vs. 무개념, 표상 vs. 비표상 · 14
개념 없는 화가들 | 차이를 억압하는 표상적 사고
표상 체계의 폭력을 거부하다

만남

1. 진부한, 너무나도 진부한!: 들뢰즈가 '차이'에 주목한 이유 · 34
   칸트의 도식 | 창조적 상상력을 위한 새로운 도식
   동일성의 틀을 깨고 '차이 자체'로

2. 차이가 아닌 '차연'의 논리:
   데리다, 자신만의 방식으로 '차이'를 말하다 · 50
   디페랑스 vs. 디페랑스 | 말과 문자, 위계의 역전
   차이는 항상 현재 진행형이다

3. 존재에 대한 진부한 시각을 거둬라: 존재는 다양체다 · 68
   존재 속에 감춰진 무한한 잠재성 | 개념이 아닌 이념
   지각 작용은 뺄셈의 과정이다 | 진부한 시선에 던져진 충격

4. 아름다움의 정체는 무엇인가?: 의미와 무의미의 중첩 · 86
   경계 없는 경계 | 파레르곤과 예술작품의 정체
   거울 속의 거울

5. 통합과 일탈이 공존하는 '기계적' 존재: 들뢰즈와 '기계' · 109
'기계적인 것'과 '기계론적인 것' | 기계란 절단과 연결의 체계
기계는 우연적인 배치물일 뿐이다 | '수목적인 것'과 '리좀적인 것'

6. 제한경제를 넘어선 차연의 경제학 · 132
죽음은 삶에 대한 절대적 부정 | 죽음과 무의미의 철학
제한경제를 넘어서

Chapter 3 대화

현대 건축의 데리다·들뢰즈 읽기: 오독인가 재해석인가? · 152

Chapter 4 이슈

과연 포스트모더니즘이 대세인가? · 188

Epilogue　1 지식인 지도 · 198　2 지식인 연보 · 200
　　　　　　3 키워드 찾기 · 203　4 깊이 읽기 · 206
　　　　　　5 찾아보기 · 209

Jacques Derrida

Chapter 1

✉ 초대
INVITATION

Gilles Deleuze

 초대

개념 vs. 무개념
표상 vs. 비표상

■■
개념 없는
화가들

얼마 전 어느 해외 잡지에서 일반인들을 대상으로 자신의 집 거실에 작품을 걸고 싶은 화가를 묻는 설문을 진행했다. 그 결과 이른바 인상주의(impressionism) 화가들이 상위권을 대부분 장식했다. 150년 전 인상주의가 화단에 등장했을 때는 결코 상상할 수 없었던 현상이다. 실제로 인상주의자들이 역사적인 첫 전시회를 열었을 때 미술 비평가, 일반인 할 것 없이 그들의 그림에 대해 신랄한 비판을 퍼부었다. 그들이 보기에 인상주의 화가들의 그림은 아름답기는커녕 데생(소묘) 실력조차 제대로 갖추지 못한 아마추어 작가들의 작품 같았다. 한마디로 당시의 비평가나 일반인들에게 인상주의 화가들은 그림에 대한 '개념이 없는' 화가들로 보였다.

그런데 바로 이 '개념 없는'이라는 수식어야말로 오늘날 인상주의 화가들을 회화의 역사에서 불멸의 선구자로 남게 만들었다. 도대체 이 부정적이고 비판적인 수식어가 어떻게 이들을 불멸의 화가로 만든 것일까?

인상주의의 대부로 알려진 에두아르 마네$^{Édouard\ Manet,\ 1832~1883}$가 살롱전에서 낙방한 것은 잘 알려진 사실이다. 당시 살롱전은 무명의 화가들이 제도권에 진입할 수 있는 관문이었고, 유명한 작가를 꿈꾸는 화가들이 살롱전을 통과하기 위해서는 아카데미를 거치며 엄격한 수업을 받아야 하는 것이 일반적인 관례였다. 마네의 작품이 아카데미로부터 출품을 거절당한 표면상의 이유는 그 내용이 비윤리적이라는 것이었다. 마네의 출품작 「풀밭 위의 식사$^{Le\ Déjeuner\ sur\ l'herbe}$」(1862~1863)를 보면 몸에 실오라기 하나 걸치지 않은 여인이 점잖은 신사들과 함께 어우러져 풀밭 위에 앉아 있다. 당연히 비윤리적인 내용처럼 보일 수 있다.

그러나 마네는 그러한 비난을 받아들일 수 없었다. 「풀밭 위의 식사」는 르네상스기 이탈리아의 대가 조르조네$^{Giorgione,\ 1478~1510}$의 작품 「전원 음악회$^{Fiesta\ campestre}$」(1508)에서 영감을 얻은 것이었

에두아르 마네
「풀밭 위의 식사」
1862~1863년
Édouard Manet
Le Déjeuner sur l'herbe

다. 그러니 자신의 그림이 비윤리적이라면 조르조네의 그림도 똑같이 비윤리적이라는 비난을 받아야 옳았다. 나란히 여성의 알몸이 등장하는 두 작품의 차이는 단지 「전원 음악회」의 모티브는 신화이고, 「풀밭 위의 식사」는 일상적인 남성과 여성이라는 것뿐이다. 마네의 말이 맞았다. 사실 비평가들이 마네의 그림에 공격적이었던 이유는 따로 있었다. 그들이 보기에 마네의 그림은 완성도가 현저히 떨어지는 허접스러운 그림이었기 때문이다. 원근법도 제대로 지키지 않은 데다 데생도 엉망이었다. 한마디로 말해, 마네는 그림에 대한 개념이 없는 화가였던 것이다.

그러나 바로 이 무개념적 성격 때문에 마네는 인상주의 화가들의 추앙을 받았다. 마네 이전까지만 해도 아카데미에서는 회화를 개념적으로 그리려고 했다. 이는 곧 사과 하나를 그리더라도 가장 사과답게, 누가 보더라도 진짜 사과처럼 보이게 그리는 것을 의미한다. 그러기 위해서는 사과를 사과와 비슷하게 생긴 다른 과일, 예컨대 배와 분명하게 구별될 수 있도록 그려야 했

조르조네
「전원 음악회」, 1508년
Giorgione
Fiesta campestre

다. 정확한 사과의 모습을 나타낼 수 있도록 윤곽선을 분명하게 그리고, 가장 사과다운 색으로 칠했다. 이렇게 그려놓은 그림 속의 이미지는 누가 보더라도 분명한 사과였다.

그런데 바로 여기서 문제가 시작된다. 아카데미에서 가르치는 방식의 그림은 화가의 느낌을 그리는 것이 아니라 '사과' 하면 누구나 떠올릴 수 있는 개념을 이미지로 표현하는 것이었다. 화가들은 사과를 사과의 개념에 가장 가깝게 그려야 했고, 누가 보더라도 그 그림에서 사과라는 개념을 떠올릴 수 있어야만 잘 그린 그림이라는 평가를 받을 수 있었다. 아카데미는 바로 이렇게 개념에 맞는 그림을 강요했다. 데생을 엄격하게 가르치는 것이나 사물을 그 고유색으로 표현하도록 강요하는 것도 바로 이와 같은 이유에서였다. 이러한 아카데미의 원칙을 따르지 않으면 바로 개념이 없는 화가가 되었다. 그리고 그들의 기준에서 볼 때 마네는 당연히 '개념 없는' 화가였다.

그런데 아카데미의 방식대로 개념을 먼저 설정하고 그에 맞춰 그림을 그리는 것이 왜 문제가 될까? 가령 아카데미의 화가들은 사과를 그릴 때 주위의 빛이나 밝기에 상관없이 밤이든 낮이든 혹은 실내에서든 실외에서든 동일한 사과의 모습을 그릴 것이다. 왜냐하면 그들이 그리는 것은 사과의 개념이기 때문이다. 밤에 보든 낮에 보든 사과의 개념은 항상 동일하다. 결국 개념적으로 사과를 그린다면 언제나 동일한 모습의 사과만을 그리게 될 뿐이다.

여기서 인상주의자들의 불만이 생기는 것은 당연했다. 같은 사과라고 하더라도 배부를 때 보는 사과와 배가 고플 때 보는 사과의 모습이 다를뿐더러, 식탁 위의 사과와 나무에 매달려 있는 사과의 모습은 전혀 달랐다. 게다가 빛의 변화에 따라서도 사과의 모습은 시시각각 달라졌다. 사람의 얼굴도 마찬가지다. 햇빛을 받았을 때의 모습과 백열등 아래에서의 모습, 형광등 밑에서의 모습이 각각 다르다. 이 중 어느 것이 그 사람의 진짜 모습이라고 할 수 있을까? 만약 사물의 개념을 그린다면 이렇게 매 순간 현실에서 마주치는 진짜 사물의 이미지는 사라지고 말 것이다.

아카데미가 강요하는 사과 그림은 백과사전에 나오는 사과의 개념을 그대로 보여주는 그림일 뿐이다. 하지만 사과라는 개념이 테이블 위에 놓인 다섯 알의 사과 각각의 차이를 나타낼 수 없듯이, 개념적으로 그린 그림은 사과 자체의 고유한 차이를 드러낼 수 없다. 인상주의 화가의 공로는 바로 여기에 있다. 이들은 처음으로 개념으로부터 벗어나 그림에 차이를 담기 시작했다.

■■ 차이를 억압하는 표상적 사고

자크 데리다$^{\text{Jacques Derrida, 1930~2004}}$와 질 들뢰즈$^{\text{Gilles Deleuze, 1925~1995}}$를 '차이'의 철학자라고 부르는 데는 아무도 이견이 없을 것이다. 데리다의 철학을 말할 때 해체주의라는 수식어를 빼고 말할 수 없고, 해체주의는 '차이'의 데리다식 버전인 '차연差延'이라는 단어를 빼고 설명하기 힘들다. 들뢰즈의 경우도 마찬가지다. 들뢰즈의 철학을 집약적으로 드러내는 단어 하나를 선택해야 한다면 그것은 마땅히 '차이'가 될 것이다. 들뢰즈는 데리다처럼 차이를 차연이라는 말로 바꾸어 설명하지는 않았지만, '차이 자체'라는 말을 사용함으로써 자신이 말하고자 하는 차이의 의미를 집약한다.

이들이 차이에 주목하는 이유는 분명하다. 누구나 알고 있듯이 차이란 동일성의 반대다. 쉽게 말하면, 동일성이란 같다는 말이고 차이란 다르다는 말이다. 같은 것만을 강조할 경우 다른 점이 드러나지 않는다. 즉 동일성을 강조하면 차이가 없어진다. 일례로 집을 생각해보자. 영희가 살고 있는 아파트도 집이고, 철수가 살고 있는 한옥도 집이며, 커다란 정원이 딸린 영호의 전원주택도 집이다. 집이라는 말만 놓고 보면 모두 다 집이며 차이가 없다. 이렇게 모든 것을 개념으로 따져 생각하면 차이는 없어지고 동일성만 남게 된다. 데리다와 들뢰즈 모두 바로 이러한 이유에서 개념을 거부한다.

어릴 적부터 쭉 살았던 우리 집을 다른 사람의 집과 개념으로 비교할 수 있을까? 나 자신만 하더라도 그럴 수 없다. 나는 어렸을 적 일본식 목조 건물에서 살았다. 지금은 거의 남아 있지 않은 전통적인 그 일본 목조 건물은 어슴푸레한 이미지로만 기억될 뿐이다. 그러나 내가 살았던 그 집은 단지 하나의 목조 건물이 아니다. 그와 비슷한 어떤 집도 '우리' 집이 아니다. 그 집은 다른 어떤 집과도 비교할 수 없는 내 어린 시절의 추억과 분위기가 배어 있는 곳이며, 다른 어느 집과도 동등하지 않은 '특이한' 집이다. 하지만 그 특이한 집이 단순히 '집', '일본식 목조 건물' 등의 개념으로 불리게 되면 그 집의 특이성은 사라지고 만다.

색깔의 경우도 마찬가지다. 프랑스의 화가 이브 클랭^{Yves Klein, 1928~1962}은 기이한 행적으로 유명하다. 그의 기이한 예술에는 2층 건물에서 길바닥으로 뛰어내리는 몹시 위험한 행위도 포함된다. 그의 이러한 행동은 사람들에게 "현대 예술가들이란 정신병자 같은 짓이나 하는 사람들"이라는 오해를 불러일으키기도 했다. 그의 회화 또한 상당히 특이하다. 그는 군청색 계통의 '단색' 회화에 평생 집착했다. 그런데 흥미롭게도 바로 이러한 그의 집착이 엉뚱한 결과를 낳았다. 그는 파란색 계통에만 집착했는데, 그러다 보니 다른 사람들은 쉽게 구별하지 못하는 자신만의 파란색을 발견한 것이다. 그리고 1957년에 아예 자신이 발견한 파란색으로 '국제 클랭 파란색International Klein Blue, IKB'(이하 '클랭 파랑')이라는 이름의 특허까지 얻었다. 다른 사람들에게는 단지 흔하디 흔한 파란색에 불과한 그 색이 그에게는 어떠한 파란색과도 같지 않은 특이한 파란색으로 보인 것이다.

 사실 보통 사람들의 눈에 클랭 파랑은 그저 평범한 파란색이다. 하지만 일반적인 파란색과 어딘가 다를 것이라는 생각을 가지고 아주 유심히 들여다보면 간신히 보통의 파란색과 구별된다. 클랭 파랑은 왜 일반인들에겐 평범한 파란색으로 보이는 것일까? 이유는 두 가지로 추정할 수 있다. 먼저 클랭 파랑이 평범한 파란색과 너무나 유사하기 때문에 눈으로 구별이 잘 안 된다는 것이다. 하지만 일단 보통의 파란색과 구별이 되기 시작하면 그 차이는 확연하게 드러난다. 가령, 외국 사람들은 문어와 낙지의 맛을 잘 구별하지 못한다. 심지어 문어와 낙지를 같은 것으로 알고 있는 사람도 많다. 이에 반해 우리나라 사람들은 문어와 낙지의 맛을 너무나 잘 구별한다. 우리가 전혀 다른 맛이라고 생각하는 문어와 낙지가 외국인에게는 같은 맛으로 느껴지는 이유는 무엇일까? 이에 대한 해답은 바로 두 번째 이유와 관계있다. 그것은 개념 때문이다.

문어나 낙지는 영어로 모두 '옥토퍼스^{octopus}'라고 불린다. 물론 서로 다른 학명을 가지고 있지만, 학명은 이름 그대로 학계에서 통용되는 이름일 뿐 일상에서는 잘 사용되지 않는다. 영어권 사람들에게 낙지나 문어는 모두 옥토퍼스일 뿐이다. 그들에게는 이 두 가지를 구분하는 개념이 일반적으로 잘 사용되지 않기 때문에 이 두 가지가 동일하게 느껴지며, 심지어는 맛까지도 동일한 것으로 여겨 그 차이를 구별하지 못한다. 우리가 다양한 파란색의 차이를 구별하지 못하고 파란색 계통의 모든 색을 파란색이라고 부르는 것도 이와 마찬가지의 경우라 할 수 있다. 우리가 구별할 수 있는 파란색은 기껏해야 코발트청, 군청, 남색 정도다. 그러다 보니 파란색은 모두 코발트청, 군청, 남색 등으로만 구분하고 그중 하나의 색으로 간주한다.

하지만 이 세상의 파란색은 너무나 다양하다. 어쩌면 이 세상에 존재하는 모든 파란색은 제각기 다른 색일지도 모른다. 그래서 다른 이들에게는 같아 보이는 색이 색상에 아주 예민한 사람에게는 다른 색으로 보일 수 있다. 클랭은 바로 이렇게 세상의 모든 색이 다 다른 색일 수 있음을 깨닫게 해준다.

그렇다면 제각기 다른 파란색을 그저 똑같은 파란색으로 보는 이유는 무엇일까? 그것은 우리가 이미 파란색이라는 '표상'을 가지고 이 세상의 색을 바라보기 때문이다. 바로 이것이 표상의 한계다. 대부분의 서양인들이 문어와 낙지의 맛을 구별하지 못하는 것 또한 그들의 표상 체계에 원인이 있다. 표상이란 우리가

:: 외국인들은 낙지와 문어를 구별할 수 있는 표상 체계가 없어 낙지와 문어의 맛을 구별하지 못한다.

세계를 분류할 때 쓰는 머릿속의 기준이다. 공간을 예로 들어보자. 우리가 사는 공간에는 몇 개의 방향이 있을까? 주로 동서남북이라는 네 개의 방향이 있다고 생각할 것이다. 하지만 이는 공간을 설명하기 위해 편의상 나눈 기준일 뿐이다. 그런데 일단 이러한 기준이 보편적으로 받아들여지면 마치 세계 자체가 네 개의 방향을 지닌 것처럼 여겨진다. 표상이란 바로 이런 것이다. 그래서 일단 표상을 가지고 세계를 설명하면 모든 세계가 표상과 동일한 것이 된다.

동서남북이라는 기준도 바로 표상이라고 할 수 있다. 조금 과장된 비유이기는 하지만, 만약 우리가 이 세상의 색을 검정색, 흰색, 빨간색, 노란색, 파란색이라는 기준으로만 분류한다면 우리에게 이 세상은 다섯 가지 색상만을 지니고 있는 것으로 보일지도 모른다. 이러한 조건에서 만약 검정색도 흰색도 아닌, 그렇다고 빨갛지도 노랗지도 않은 어떤 색들이 있다면 그런 색들은 모두 다 파란색일 뿐이다. 실제로 외국인들이 낙지와 문어의 맛을 구별하지 못하는 것은 그들에게 낙지와 문어를 구별할 수 있는 표상 체계가 없기 때문이다.

따라서 이제 이런 문제를 제기할 수 있다. 과연 우리가 가지고 있는 표상의 체계는 믿을 만한 것이고 세계의 진정한 모습을 담고 있는 것일까? 혹시 우리는 표상 체계를 지나치게 과신하고 있는 것은 아닐까?

표상에 빠지게 될 때 가장 큰 문제점은 현실의 풍부함과 다양성이 사라져버린다는 것이다. 말하자면 제각기 다른 고유한 특이성 혹은 차이들이 소멸되고 만다. 이 책의 두 주인공인 데리다와 들뢰즈의 사상을 하나의 끈으로 묶어주는 것은 바로 표상적 사유에 대한 반발과 그러한 사유에 의해 억압된 차이들을 자유롭게 해방시키려는 기획이다.

표상 체계의 폭력을 거부하다

데리다와 들뢰즈가 개념을 폄하하는 것은 세상을 개념으로 파악할 경우 세상의 다양성이 사라져버린다는 우려 때문이다. 따라서 이들의 철학이 개념에 저항한다는 것은 곧 현실의 풍부함을 되찾겠다는 노력과도 일맥상통한다. 그렇기 때문에 이들의 철학에는 개념을 최고의 가치로 숭상하면서 이 세상을 개념과 동등한 것으로 취급하려는 기존 철학자들의 사상을 극복하려는 의도가 담겨 있다.

기존 철학자 중에서도 개념의 필요성을 강조하고, 이 세상의 모든 진실은 개념이라고 주장하면서 가장 막강한 영향력을 행사했던 사상가는 독일의 철학자 게오르크 헤겔 $^{Georg\ Hegel,\ 1770~1831}$이다. 이 세상을 '개념'으로 파악하는 것은 헤겔 철학의 핵심이라고 할 수 있다. 그의 변증법도 세상을 개념적으로 파악하기 위한 방법론의 일종이었다.

헤겔이 개념의 중요성을 강조한 것도 결국 차이가 아닌 동일성의 중요성을 나타내기 위해서였다. 그에게 차이란 곧 불완전함을 의미하는 것이었으며, 이 때문에 그는 차이를 인정하지 않았다. 가령, 우리의 지식을 생각해보자. 우리가 알고 있는 수많은 지식이 정작 이 세상의 본래 모습과 다르다고 해보자. 세계에 대한 우리의 지식이 정작 세계 자체와 '차이'가 난다면 그 지식은 분명 불완전한 것이다. 그래서 헤겔은 궁극적으로 우리가 알고 있는 것과 실재의 모습이 동일한 완전한 지식을 꿈꾸었다.

완전한 지식을 꿈꾼 사상가는 헤겔만이 아니었다. 아니, 오히려 플라톤$^{Platon,\ BC\ 428?~347?}$ 이래 근대에 이르기까지 서구의 사상은 줄곧 세상의 본래 모습과 '동일한' 지식을 추구해왔다고 보는 것이 더 타당하다. 그런데 헤겔이 살았던 근대는 인간의 지식이 완전함을 증명하기 위해 세계를 인간의 지식과는 독립하여 존재하는 것으로 보는 것을 거부하는 특성이 있었다. 헝가리 출신의 사상가 죄르지 루카치$^{György\ Lukács,\ 1885~1971}$는 근대 철학의 특징을 "세계를 더 이상 인식 주체와 독립하여 성립하는 그 어떤 것으로 받아들이기를 거부하고, 오로지 세계를 인간 자신의 산물로서 파악하려는 것"이라고 말했다.

이러한 태도는 겉으로는 다양해 보이지만 결국에는 동일한 방법론에 기초하고 있다. 그 방법론이란, 인간의 지식이 세계의 진실한 모습과 일치한다는 것을 증명하기 위해 세계가 인간이 가진 지식과 같은 모습이라고 가정하는 것이다. 이는 르네 데카르트$^{René\ Descartes,\ 1596~1650}$에게서 아주 명확하게 나타난다. 데카르트는 인간의 지식이 곧 세계의 본래 모습임을 증명하기 위해 결국은 인간의 가장 근본적인 사고 능력과 세계의 본질이 일치한다고 가정한다. 이를테면 우리 눈에 보이는 세계의 실체는 색, 맛, 냄새 등의 감각이 아니라, 기하학적인 공간, 즉 '연장$^{res\ extensa}$'이라는 것이다.

예를 들어보자. 밤늦게까지 공부를 하다가 잠을 청하려고 불을 끄고 침대에 누웠다. 우리의 동공은 어둠에 적응할 때까지 일정한 시간이 필요하다. 방금까지 보였던 책상이 어둠에 묻혀 보이지 않지만 분명 책상은 그곳에 존재한다. 그러니 눈은 믿을 것이 못 된다. 때로는 헛것까지 보니 말이다. 하지만 눈이 아무리 부정확하다고 해도 내 책상이 방 안의 공간 일부를 차지하고 있다는 사실은 결코 부정할 수 없다. 책상이 어둠에 가려 보이지 않든, 조명 때문에 푸른색으로 보이든, 그것은 책상의 실체가 아니다. 진짜 책상의 실체는 현실 공간의 한 부분을 점하고 있는 '연장성'이다. 결국 이는 기하학적인 체적이나 부피로 환원될 수 있는 공간인 것이다.

한편 데카르트는 인간의 이성은 이러한 기하학적인 논증을 할 수 있는 '사유'의 체계를 가지고 있다고 보았다. 우리는 피타고라스 정리를 이용해 삼각형의 면적을 구할 수도 있으며, 데카르트 자신은 몰랐던 적분을 이용해 불규칙한 도형의 체적이나 부피도 구할 수 있다. 이 모든 것은 인간만이 가능한 것이다. 그리고 바로 이러한 기하학적인 추론 능력이야말로 인간을 다른 모든 존재와 구별시키는 본질인 것이다. 그래서 데카르트는 인간의 모든 지식을 기하학처럼 완전무결하고 자명한 원리에 의해 체계적으로 구축하겠다는 포부를 나타내기도 했다. 이는 기하학적인 지식 체계는 곧 가장 심오하고 변치 않는 세상의 본질과 일치한다는 굳은 믿음의 표현이었다. 세계의 본질이 기하학적인 공간이고 인간의 가장 심오한 지식이 기하학이라면, 인간의 지식은 곧 세계 본래의 모습과 동일하므로 완전한 지식이라고 할 수 있다는 것이다.

그런데 데카르트의 이러한 생각에 의문이 생긴다. 데카르트가 생각하는 수학적이고도 기하학적인 수식이 과연 세계의 진정한 모습일까? 기하학은 그저 인간의 머릿속에서 나온 관념적인 체계는 아닐까? 이 문제에 대한 답은 이미 수학계에서도 제시되었다. 독일의 수학자 다비트 힐베르트[David Hilbert, 1862~1943]는 『기하학의 기초Grundlagen der Geometrie』(1899)에서 완전무결한 수학적 체계는 현실과는 독립적으로 존재할 수밖에 없다고 주장했다. 그에 따르면 수학의 세계란 인간의 사고 체계에서 비롯된 것으로, 현실에 대응되는 것이 아니다. 따라서 완전한 수학적 체계가 있다면 그것은 인간 사고 체계의 능력만을 의미할 뿐 현실 자체와는 무관한 것이다. 한 걸음 더 나아가, 힐베르트의 제자 쿠르트 괴델Kurt Gödel, 1906~1978은 심지어 현실과 상관없이 우리의 머릿속으로 만들어낸 수학적 체계라 하더라도 완전할 수 없다는 '불완전성의 정리'를 내세웠다. 데카르트의 믿음이 얼마나 허구적인가를 보여주는 사례들이다.

이러한 사례들은 엉뚱하게도 르네상스 회화의 원근법에서도 잘 나타난다. 15세기 이탈리아의 건축가 루차노 라우라나Luciano Laurana, 1420~1479의 작품으로 알려진 「이상도시La Città ideale」라는 그림을 보자. 이 그림은 가운데 원형의 건물 1층 중앙의 정문을 중심으로 정확한 비례에 의해 원근감이 표현되고 있다. 이때 화면의 중심이 되는 점을 '소실점vanishing point'이라고 하는데, 이는 우리가 이 그림을 볼 때의 눈높이와 정확하게 일치한다. 이 그림은 소실점을 기준으로 하여 정확한 비례관계에 의해 가까운 것과 먼 것의 원근감을 잘 표현하고 있다.

이렇게 완벽한 원근감을 나타내려면 기하학적인 원리에 따라 화면을 정확하게 일정한 비율로 나누어 사물을 표현해야 한다. 이 그림의 경우는 좌우측 건물의 지붕을 따라 직선을 그으면 건물들의 바닥을 이은 선과 정확히 중앙에서 만난다. 얼핏 보면 드러나지 않지만 작가는 현실적인 공간을 표현하기 위해 기하학적인 원칙을 엄격하게 따르고 있다. 이 그림을 그린 루차노의 머릿속에는 기하학적 비례와 현실 공간이 일치한다는 데카르트적 세계관이 자리 잡고 있는 것이다. 그런데 이 그림을 다시 한 번 들여다보자. 과연 현실의 공간을 자연스럽게 나타내고 있다고 할 수 있을까?

이 그림을 네덜란드의 풍경화가 야코프 판 라위스달^{Jacob van Ruysdael, 1628~1682}이 그린 「겨울 풍경^{Winterlandschape}」이라는 그림과 비교해보자. 왠지 모르게 「이상도시」에 비해 라위스달의 그림이 훨씬 더 현실감이 있는 듯하다. 「이상도시」는 억지로 연출한 것처럼 인위적인 느낌이 드는 반면 「겨울 풍경」은 오히려 현실을 보는 듯한 자연스러움과 편안함을 준다. 그런데 이 그림은 앞의

루차노 라우라나
「이상도시」
Luciano Laurana, *La Città ideale*

르네상스 건축의 이상향을 표현해 15세기 이탈리아 회화 중 가장 흥미로운 작품으로 여겨진다. 아래 그림은 작품의 소실점을 나타낸 것이다.

그림처럼 공간을 기하학적인 비례에 의해 엄격하게 분할하고 있지 않다. 그럼에도 이 그림이 훨씬 더 자연스럽게 느껴지는 것은 그림에 임의로 소실점을 정하고 그것을 기준으로 철저한 비례관계에 따라 사물의 크기를 정하는 기하학적 공간으로부터 벗어나 있기 때문이다.

이 두 그림을 통해 얻게 되는 결론은 이렇다. 기하학적인 법칙에 의해 구성된 그림보다 그러한 법칙에서 벗어난 그림이 훨씬 더 자연스럽다는 것이다. 이는 곧 현실이 엄격한 기하학적 원칙에 의해 만들어져 있다는 데카르트의 생각과 일치하지 않음을 보여준다. 이것이 바로 데카르트의 오류다. 데카르트는 인간의

야코프 판 라위스달
「겨울 풍경」
Jacob van Ruysdael, *Winterlandschape*

가장 완벽한 지식 체계를 기하학이라고 보고, 그 완벽한 지식 체계가 현실의 원래 모습과 일치한다고 가정함으로써 자신이 주장했던 지식 체계는 완전무결하고 절대적인 것임을 증명하고 싶었던 것이다.

하지만 데리다나 들뢰즈가 보기에 이러한 태도는 세계를 겸손하게 파악하려는 태도가 아니다. 우리의 지식 체계는 완전무결한 것이 아니다. 그런데 데카르트나 근대의 사상가들은 완전한 지식 체계를 꿈꿨다. 그러다 보니 자신들의 머릿속에 체계를 먼저 정해놓고 그것을 현실에 적용하고자 했다. 이러한 태도를 특히 들뢰즈는 '표상주의' 혹은 '재현주의'라고 부른다. 데카르트는 기하학이라는 표상 체계를 미리 정하고 그 표상 체계를 현실에 덮어씌운 다음 현실을 기하학적이라고 말한 것이다. 그리고 기하학이 그러하듯이, 표상의 일반적인 특징도 '일반적'이다. 즉 현실의 공간을 기하학적으로 파악하게 되면 거리와 크기만 남을 뿐 그 공간만의 특이성과 장소성은 없어지는 것이다. 마찬가지로 이 세상에 존재하는 사람들을 '인간'이라는 일반적인 표상으로 바라보면 철수, 영희, 마이클이 지닌 독특한 개성이나 차이는 없어지고 그저 일반적인 한 인간으로 여겨질 뿐이다.

데리다와 들뢰즈는 이러한 표상주의적 태도를 공격한다. 표상주의는 현실의 모든 존재에 잠재해 있는 저마다의 독특하고 개성적인 '목소리'를 억압하기 때문이다. 데리다는 우리의 가장 일반적인 표상 체계인 '언어'가 이러한 목소리를 어떻게 억압해왔는가를 밝힘으로써 지금까지 왜곡된 서구의 사상을 거침없이 비판한다. 한편 들뢰즈는 표상주의를 정면으로 거부하고 표상주의에 의해 억압된 존재들의 다양하고 차별적인 목소리에 귀를 기울이는 철학의 방법론을 제시하고자 한다. 이제부터 그런 목표를 위해 데리다와 들뢰즈가 어떠한 철학을 전개했는지 살펴보자.

Jacques Derrida

Chapter 2

만남
MEETING

Gilles Deleuze

 만남 1

진부한, 너무나도 진부한!
들뢰즈가 '차이'에 주목한 이유

■■
칸트의 도식

이 세상에 다양한 것들이 존재하지 않고 똑같은 것들 천지라면 어떨까? 똑같은 머리 모양을 한 사람들이 똑같은 옷을 입고, 똑같은 신발을 신은 채 돌아다니고, 길에도 똑같은 자동차와 건물만이 즐비하다면 세상은 재미없고 지루할 것이다. 굳이 구경거리를 찾아 고개를 바삐 돌릴 필요도 없다. 모든 것이 똑같으니 우리의 눈에 들어오는 어떠한 광경도 시각적 감흥을 자극하지 않는다. 결국 눈은 흐리멍덩해지고 사물에 대한 분별력도 잃게 될 것이다.

물론 이러한 상황은 극단적인 가정에 불과하다. 그렇지만 단지 우리가 살고 있는 세상의 모습을 좀 과장되게 표현한 것뿐일 수도 있다. 길을 걷다 보면 같은 브랜드에 비슷한 디자인의 가방을 메고 다니는 사람들을 쉽게 찾아볼 수 있다. 머리 모양도 유행에 따라 거의 똑같다. 게다가 그들이 귀에 꽂은 이어폰에서 흘러나오는 음악도 동일하다. 이런 상황을 보고 있노라면 앞의 애기가 전혀 현실성이 없는 것은 아니라는 생각이 든다.

사실 사람들의 감각이 이렇게 획일화된 데는 대중매체의 영향을 무시할 수 없다. 이런 맥락에서 독일의 비판이론가 막스 호르크하이머Max Horkheimer, 1895~1973와 테오도어 아도르노Theodor Adorno, 1903~1969는 자본과 결탁한 대중매체가 사람들의 감성을 획일화한다고 신랄하게 비판한 바 있다. 그들에 따르면 이처럼 대중의 감성을 획일화하는 주범은 '문화산업Kulturindustrie'이다. 문화산업은 영화, 음악, TV 드라마와 같은 대중매체를 활용해 사람들의 감성을 무미건조하게 만드는 데 앞장선다.

그런데 감성이 획일화된다는 것은 단지 감정이 메마르고 건조해지는 것에 그치지 않는다. 감성이란 인간의 정서에 영향을 끼치는 것에만 국한되지 않고 세상을 보는 눈 혹은 인식과도 밀접한 관련이 있기에, 획일화된 감성은 철학적으로 상당히 심각한 문제를 야기한다. 감성이 인식에 끼치는 중요성을 강조한 대표적인 사상가로 이마누엘 칸트Immanuel Kant, 1724~1804가 있다. 칸트는 인간이 이 세상에 대한 지식을 형성하는 데는 단지 사고 능력뿐 아니라 감성 능력도 반드시 있어야 한다는 것을 명확하게 보여준다.

우리가 알고 있는 지식은 당연히 개념에 의해 만들어진다. 어떠한 지식이 개념으로 정리될 수 없다면 우리는 그것을 지식이라고 말하지 않는다. 예를 들어, 사람들이 지금껏 알지 못했던 새로운 생물체가 발견되었다고 해보자. 만약 그 생물체를 우리가 알고 있는 개념에 적용할 수 있다면 그 생물체는 이미 알려진 생물체일 것이다. 그러나 지금 발견된 이 생물체는 지금껏 우리에게 알려진 어떤 개념과도 일치하지 않는다. 이는 곧 우리가 이 생물체에 대한 어떤 지식도 가지고 있지 않다는 것을 의미한다. 여러 실험과 관찰을 통해 기존의 생물체와 비교하고 그 생물체에 대한 새로운 개념을 만들어낼 때 비로소 우리는 그 생물체에 대한 지식을 가지고 있다고 말할 수 있을 것이다. 다시 말해, 어떤 것에 대해 지식이 있다는 것은 그에 대한 개념을 갖고 있음을 의미한다.

그런데 칸트에 따르면 그저 개념만 가지고 있다고 해서 지식이 만들어지는 것은 아니다. 개념만으로는 지식을 구축할 수가 없다. 예를 들어, '원'이라는 개념을 떠올려보자.

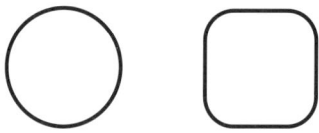

위의 두 도형 중에서 어떤 것이 원인지 모르는 사람은 없을 것이다. 그런데 주저 없이 왼쪽의 도형을 원이라고 선택할 수 있는 것은 원에 대한 정의를 잘 알고 있기 때문일까? 알다시피 원의 개념적 정의는 '한 점에서 동일한 거리에 있는 점들의 집합'이다. 하지만 유감스럽게도 원에 대한 개념을 모르고 있는 사람들도 적지 않다. 생명체의 예에서 언급했듯이 어떤 것에 대한 개념을 모른다는 것은 곧 그것에 대한 지식이 없다는 것을 의미한다. 즉 위의 두 도형 중에서 원을 고를 수는 있어도 원의 개념을 모른다면 원에 대한 지식이 없는 것으로 생각한다.

그런데 문제는 정작 원의 개념만으로 원에 대한 지식을 가질 수 있는가 하는 것이다. 이제껏 한 번도 원을 본 적이 없는 사람이 있다고 치자. 그 사람한테 '한 점에서 동일한 거리에 있는 점들의 집합'이라는 원의 개념을 설명해주고 두 그림 중에서 어느 것이 원인지 찾아보라고 한다면 원을 찾는 일이 결코 쉽지만은 않을 것이다. 단지 원의 정의만 듣고 쉽게 원을 그릴 수 있는 사람이 얼마나 될까?

여러 도형 가운데 원을 골라낼 수는 있지만 원의 정의를 모를 수 있는 것처럼 원에 대한 정의만 안다고 해서 원을 완전하게 파악했다고는 할 수 없을 것이다. 어떤 것을 안다는 것은 그것에 대해 머릿속으로 이미지를 떠올리거나 그릴 수 있어야 한다는 것을 의미한다. 우리가 신에 대해 알고 있다고 할 수 없는 이유도 이와 같다. 신의 모습은 머릿속으로 아무리 상상해봐도 도저히 감을 잡을 수가 없다. 그래서 신은 인간의 생각이 미치지 않는 곳에 존재하는 '상상을 초월한 존재'라는 식의 뜬구름 같은 말만을 늘어놓기 마련이다.

칸트는 이렇게 머릿속에 그릴 수 있는 이미지를 '도식^{Schema}'이라고 말한다. '한 점에서 동일한 거리에 있는 점들의 집합'이라는 원의 정의가 개념이라면 그 개념을 파악하기 위해 머릿속에 떠올리는 동그란 형상의 이미지가 바로 도식이다. 지금 무수히 많은 개념을 떠올려보자. 자동차를 떠올리든 코끼리를 떠올리든 전자를 떠올리든 간에 어떤 개념들을 떠올릴 때마다 머릿속에 그 개념에 해당하는 형상들이 같이 떠오를 것이다. 바로 이러한 형상을 칸트는 도식이라고 불렀다.

창조적 상상력을 위한 새로운 도식

그런데 도식은 사고 작용의 산물이 아니다. 일종의 형상, 즉 이미지인 도식은 감성의 산물이다. 정확하게 말하자면 칸트는 이러한 감성의 능력을 상상력이라고 불렀다. 이때 상상력이라는 말은 현재 있지 않은 어떤 것을 허구적으로 그려보는 허상이나 공상의 능력을 뜻하는 것이 아니다. 가령 어떤 사람은 오리를 보고도 거위로 착각할 수 있다. 이런 현상은 오리에 대한 형상, 즉 도식을 상상하는 능력이 부족할 때 나타난다. 말하자면 칸트가 말하는 상상력이란 오리를 오리처럼 볼 수 있게 만드는 '도식화하는 능력'이지 현실에 존재하지 않는 어떤 것을 머릿속으로 그려보는 공상 능력이 결코 아니다.

이러한 감성적인 도식은 어쩌면 우리 삶에서 개념보다 훨씬 더 친밀하고 근본적인 것일지도 모른다. 원을 떠올릴 때도 개념보다는 도식이 선행하며, 심지어 미국이라는 추상적인 개념을 떠올릴 때조차도 사람들은 미국인이나 성조기 혹은 미국의 한 도시를 상상하기 마련이다. 바로 이런 이유로 감성적인 도식은 상당히 중요하다. 우리가 어떤 개념에 대해 어떤 도식을 가지고 있느냐에 따라 그 개념 자체가 다르게 파악될 수 있기 때문이다. 예를 들어 '미국' 하면 가장 먼저 친절한 미국인의 모습을 떠올리는 사람과, 오만방자한 부시 전 대통령을 떠올리는 사람 간에는 미국에 대한 말할 수 없는 개념의 차이가 존재한다.

호르크하이머와 아도르노는 칸트가 이렇게 중요하게 생각한 감성적 도식의 능력이 대중문화에 의해 획일화되었을 뿐만 아니라 왜곡되고 조작되었다고 비판한다. 그 대표적인 예 중의 하나가 장르영화일 것이다. 장르영화는 주로 상업영화와 같은 의미로 사용된다. 특히 영화 이론가나 비평가들은 아예 상업영화라는 말 대신 장르영화라는 말을 사용하기도 하는데, 이는 장르영화가 갖는 지극히 속물적인 특성 때문이다.

장르영화는 서부영화에서 처음 시작되었다. 1950~1960년대의 서부영화를 보면 하나같이 천편일률적인 서사 구조를 갖고 있다. 19세기 후반 미국의 서부 개척 시대를 배경으로 하여, 주인공과 악인이 대결하는 구도에 액션이 가미되는 형식이다. 지금까지 제작된 수많은 서부영화들이 주인공과 사건의 동기가 약간씩 다를 뿐 이러한 획일적인 구조를 그대로 따르고 있다. 그럼에도 사람들은 서부영화에 열광했다. 이유는 간단하다. 대중은 서부영화가 반복하고 있는 획일화된 이야기 구조에 빠져들어 이미 그것에 길들여진 것이다. 그 결과 대중의 감성은 오로지 똑같은 반복적인 도식만을 생산할 뿐이다. 따라서 영화 제작자들은 대중의 감성에 부합하는 이야기를 끝없이 만들어냈고, 대중은 이러한 영화를 통해 더 확고하고 획일화된 감성적 도식에 빠져들었다. 이런 악순환의 과정 속에서 대중에게 어떤 새로운 감성적 자극을 기대하는 것은 어렵게 된다. 호르크하이머와 아도르노가 자본주의 사회의 문화산업과 이를 통한 감성의 획일화를 우려하는 것은 바로 이 때문이다. 대중에게서 새로운 창조 능력과 비판 정신은 더 이상 기대할 수가 없다는 것이다.

들뢰즈는 대중문화나 대중매체 혹은 문화산업 자체에 대해서는 호르크하이머나 아도르노와는 정반대의 견해를 갖고 있긴 하지만, 칸트의 도식이 갖는 중요성만큼은 강조한다. 호르크하이머와 아도르노가 영화를 문화산업의 한 영역으로 간주하고 신랄하게 비판한 것과는 달리, 영화가 새로운 도식을 창출할 수 있다고 믿었기 때문이다. 이에 대한 설명은 잠시 미루기로 하고 우선 도식에 대한 이야기를 계속해보자.

들뢰즈에게는 칸트의 도식론이 상당히 중요한 의미를 지닌다. 들뢰즈는 칸트의 도식이 두 가지 기능을 할 수 있다고 보았다. 하나는 우리의 인식 작용에서 도식이 행하는 역할이다. 이미 설명했듯이 원이라는 개념을 이해하려면 원이라는 감각적인 형상, 즉 도식이 필요하다. 이 경우 도식은 개념을 분명하게 나타내는 수단이다. 칸트에 따르면 인식은 일종의 판단이다. 판단이란 "이것은 강아지다"와 같은 주어와 술어를 지닌 문장으로 나타낼 수 있으며, 참과 거짓으로 분명하게 구분할 수 있다. 예를 들어, 누군가가 사역용 개의 한 품종인 시베리안 허스키 한 마리를 데리고 나타났는데, 이때 그 커다란 개를 보고 놀란 다른 사람이 "저 커다란 고양이 좀 치워줘"라고 말한다면 그의 진술은 분명히 거짓이다.

시베리안 허스키를 보고 고양이라고 말한 사람은 잘못된 판단을 한 것이며, 개에 대한 분명한 도식을 가지고 있지 못하다고 볼 수밖에 없다. 긴 주둥이와 커다란 귀 등의 신체적 특성을 제대로 종합했다면 시베리안 허스키를 고양이라고 부르지 않았을 것이다. 그의 잘못은 시베리안 허스키가 가지고 있는 감각적 자질들을 묶어서 '개라는 개념에 맞는 도식을 만드는 데 실패한 것이다. 따라서 그는 자신이 가지고 있는 잘못된 도식에 따라 잘못된 개념, 즉 '개'가 아닌 '고양이'의 개념을 떠올렸고, 그 결과 잘못된 판단을 내린 것이다.

이렇게 볼 때 도식은 올바른 인식 활동에 반드시 필요하다. 하지만 이때 도식은 이미 주어진 개념, 즉 '개'라는 개념 혹은 '고양이'라는 개념에 맞춰 다양한 감각적 자질들을 종합하는 것에 불과하다. 말하자면 인식 활동에서 감성적인 활동이란 이미 개념에 종속된 것이다. 따라서 감성적 작용 과정에 우리의 느낌이나 취향이 개입할 여지가 없으며 오로지 어떤 대상이 주어진 개념에 일치하는지 그렇지 않은지를 판별하는 역할을 맡을 뿐이다.

하지만 다행스럽게도 칸트는 이러한 인식 활동과는 무관하게 창의적으로 만들어지는 도식 활동이 가능하다는 것을 발견했다. 『순수이성비판Kritik der reinen Vernunft』(1781)을 쓸 당시만 하더라도 칸트는 감성적 활동의 또 다른 가능성을 염두에 두지는 않은 듯하다. 그리고 상상력을 그저 우리가 인식 활동을 하기 위해 개념을 형성하는 데 도움을 주는 기능 정도로만 여겼다. 하지만 이후 『판단력비판Kritik der Urteilskraft』(1790)에서는 상상력에 다른 역할이 추가된다. 즉 감성이 개념의 작용에서 벗어나, 말 그대로 자유로운 상상력을 나름대로 발휘할 수 있는 것을 뜻한다.

그렇다면 개념의 구속을 받지 않는 상상력이란 어떤 것일까? 그것은 바로 예술적 상상력과 같은 창조적인 상상력을 뜻한다. 창조적 상상력은 개념에 구속되지 않는 상상력이다. 그래서 만약 예술가가 창조적 상상력을 통해 사물이나 현실에 대한 어떤 도식을 만들어낸다면 그것은 개념과는 다른 어떤 것이 되어야 한다. 만약 그렇게 만들어진 도식이 사람들이 기존에 가지고 있던 개념과 일치한다면 그 도식은 이미 인식 활동을 위한 것에 불과할 것이기 때문이다. 구체적인 예술작품 하나를 예로 들어보자.

폴 세잔$^{Paul\ Cézanne,\ 1839~1906}$의 「생빅투아르 산$^{Mont\ Sainte-Victoire}$」(1905)은 제목처럼 세잔이 자신의 고향 엑상프로방스$^{Aix-en-Provence}$에 있는 생빅투아르 산의 모습을 그린 것이다. 이 그림을 보면 산을 그렸다는 느낌이 들긴 하지만 정확하게 우리가 일상적으로 보는 산의 모습은 아니다. 어떤 면에서 보자면 세잔이 그린 산의 모습은 우리가 현실에서 보는 산의 모습과는 확연하게 대립된다. 이 그림에서 나타나는 산과 마을의 모습은 다소 기하학적인 모습을 띠고 있다. 실제로 그의 그림은 조르주 브라크$^{Georges\ Braque,\ 1882~1963}$와 같은 큐비즘^{cubism}(입체주의) 화가에게 영향을 끼쳤다. 또한 실제로 존재하는 산을 모델로 하면서도 그 모델과는 전혀 무관한 모습을 하고 있다는 점에서 이 그림을 추상화의 전신으로 이해하는 사람도 있다.

이처럼 세잔이 그린 산의 형상은 우리가 익히 알고 있는 산의

폴 세잔
「생빅투아르 산」, 1905년
Paul Cézanne
Mont Sainte-Victoire

개념과 정확하게 일치하지 않는다. 오히려 산의 '개념'으로부터 벗어나 있다. 그림 속 산의 형상은 세잔의 상상력이 나름대로 만들어낸 산의 형상인 것이다. 이러한 형상은 우리가 알고 있는 개념으로부터 벗어나 산에 대한 새로운 도식을 보여준다. 즉 세잔이 그린 산의 도식과 일반적인 산의 개념은 서로 충돌하는 것이다.

들뢰즈가 칸트의 도식으로부터 착안한 것은 바로 이 점이다. 상상력은 인식 활동에 종속될 경우에는 그저 개념을 위한 도식을 만들 뿐이다. 하지만 상상력이 개념으로부터 벗어날 경우 거꾸로 기존의 인식 활동이나 개념과는 전혀 다른 새로운 도식을 만들 수 있다. 실제로 세잔의 그림이 가져온 충격은 그저 새로운 양식이나 미감의 차원에서 설명될 수 있는 것이 아니었다. 현상학자 모리스 메를로퐁티 Maurice Merleau-Ponty, 1908~1961 가 말했듯이, 세잔의 그림은 사물을 보는 새로운 방식을 열었으며 사물에 대한 새로운 개념을 창출했다.

개념으로부터 새로운 개념이 나올 수는 없다. 새로운 개념이 나오기 위해서는 기존의 개념이 파괴되어야 한다. 기존의 개념을 파괴하고 새로움을 가져다줄 수 있는 것은 개념이나 인식 활동이 아니라 개념의 밑바닥에 있는 도식이다. 만약 사물에 대한 새로운 도식이 제기되면 이와 더불어 기존의 개념에 문제가 제기될 수밖에 없다. 이것이 바로 들뢰즈가 기대하는 바였다.

동일성의 틀을 깨고 '차이 자체'로

들뢰즈는 왜 이렇게 새로운 것에 집착할

개념이라는 동일성의 원리에 억압되지 않는 '차이 자체'에 주목한 질 들뢰즈.

까? 그것은 진부함에 대한 거부감 때문이다. 이 세상이 진부함이라는 틀에 갇혀 있다고 상상해보자. 앞서 말했듯 모든 사람이 똑같은 옷을 입고, 똑같은 집에 살며, 똑같은 머리 모양을 하고 다니는 세상이라면 우리는 미쳐버릴 수도 있다. 들뢰즈는 이러한 진부함이 곧 개념 혹은 어떤 표상과 관련되어 있다고 믿는다. 현실에서 어떤 것에 대한 개념이나 표상은 곧 그에 대한 엄격한 절차와 관련이 있다. 가령 한 세대 전만 하더라도 장례식에서 상을 당한 식구들이 모두 슬퍼해야 하고 심지어는 곡을 해야 한다고 배웠다. 조문객이 오면 상주나 관련 식구들은 으레 곡을 했다. 눈물이 메말라 더 이상 눈물이 나오지 않을 때도 말이다. 만약 이렇게 전혀 눈물도 나지 않고, 심지어는 슬픈 감정도 없는 상태에서 억지로 곡을 해야 한다면 그 장면이야말로 코미디의 한 장면이 아닌가!

알베르 카뮈$^{\text{Albert Camus, 1913~1960}}$의 소설 『이방인$^{\text{L'Étranger}}$』(1942)에서 주인공 뫼르소^{Meursault}는 우발적인 살인을 저질러 법정에 서게 된다. 자기 어머니의 장례식에서 한 번도 울지 않았다는 사실이 법정에서 뫼르소에게 매우 불리하게 작용하면서 그는 개념이 없는 사람으로 취급당한다. 영화 「베티 블루$^{\text{37°2 le matin}}$」(1986)를 보면 주인공들이 엄숙한 장례식장에서 마음속으로는 전혀 그 숙연

함에 공감하지 못하고 겉으로만 근엄한 척하는 상황을 참지 못하고 박장대소하는 모습이 나온다. 일상적인 기준으로 보자면 이들은 한마디로 개념이 없는 인간들이다. 그러나 오히려 개념이야말로 생사람을 잡는 것은 아닐까?

예를 들면 중세시대 교회에서는 모든 것을 근엄함과 관련지었다. 중세 사람들의 머릿속에서 교회라는 개념은 근엄 혹은 숭고와 동일한 단어였다. 그러다 보니 교회 음악은 천편일률적이고 틀에 박힌 도식에 빠져 있었다. 중세 성가의 멜로디를 보면 어떤 음에서 4도 이상 차이가 나는 음으로 갑자기 바뀌는 경우는 찾아볼 수 없다. 가령 도 다음에 파나 솔이 나오는 경우가 없다. 이렇게 음이 급작스럽게 바뀌면 사람들에게 어떤 흥분감을 줄지도 모른다는 우려 때문이었다. 만약 교회 음악가가 그런 혁명적인 시도를 했다면 그는 갈릴레이$^{\text{Galileo Galilei, 1564~1642}}$보다 더 위험한 곤경에 처해졌을 수도 있다. 또한 오늘날 장음계에 해당하는 이오니아 음계$^{\text{Ionian mode}}$(도 음부터 한 옥타브 위의 도 음까지의 음계)를 사용하는 것도 철저하게 금지되어 있었다. 그 모든 것이 교회의 개념 때문이었다. 우리가 아직도 중세시대의 단음계 음악만 들으며 살고 있다고 생각해보라. 4도 이상의 급격한 진행은 허용되지 않으며, 심지어 완전5도를 포함하는 장3도마저 불협화음으로 간주하는 음악만을 들어야 한다면? 이보다 더 질식할 만한 상황이 있을까? 외계의 누군가가 혹시라도 와서 이 광경을 본다면, 우리는 똑같은 장송곡을 매일매일 듣는다고 생각할 것이다.

들뢰즈가 보기에 이 세상에 존재하는 어떤 것도 동일한 것은 없다. 설혹 똑같은 원을 그렸다고 하더라도 그것은 어딘가 분명 다를 것이 분명하다. 이 세상에 존재하는 것 중에서 완벽하게 똑같은 것이 있을까? "무엇이 무엇이 똑같을까? 젓가락 두 짝이 똑같아요"라는 노랫말의 동요는 엄격히 말하자면 틀렸다. 왜냐하면 이 세상에는 두 짝이 똑같은 젓가락은 결코 존재하지 않기 때문이다.

들뢰즈는 이렇듯 개념으로 드러날 수 없는 그 자체의 차이를 개념적으로 드러나는 차이와 달리 '차이 자체'la différence en elle-même라고 표현했다. 간단히 말하자면 '차이 자체'는 이 세상에 존재하는 모든 것이 다 다르다는 것이다. 아무리 똑같은 원을 그려도 각각의 원이 서로 다르듯이, 어떤 원은 원 일반이나 원의 개념에 완전히 부합하는 원이 아니라 다른 원과 구별되는 원일 뿐이다.

생텍쥐페리Antoine de Saint-Exupéry, 1900~1944의 『어린 왕자Le Petit Prince』(1943)에도 나오는 이야기지만 이 세상에 존재하는 모든 장미꽃은 서로 다르다. 이 세상의 장미는 모두 제각기 자신만의 독특한 향기를 풍기고 있다. 아무리 평범한 장미꽃이라도 독특한 모양이나 향기 등 다른 장미꽃과는 분명히 구별되는 자신만의 특별한 개성이 있다. 그런데 이렇게 다른 모든 장미꽃과도 다른 특정 장미만의 독특함을 나타내는 방법을 찾기란 쉽지 않다. 전통적인 방법은 개념에 의한 구분이다. 하지만 개념에 의해 구분하려고 하는 순간, 장미의 독특함은 사라지고 만다. 개념으로 구분하는 것은 장미꽃과 진달래꽃의 구별, 장미꽃 중에서도 백장미와 홍장미의 구별 정도로 세분화할 수 있을 뿐 어느 한 장미가 가지고 있는 독특한 향이나 차이는 나타낼 수 없다.

『어린 왕자』의 한 장면을 떠올려보자. 사막에서 만난 여우와 어린 왕자의 대화다.

|여우| 안녕.

|어린 왕자| 넌 누구야? 참 예쁘구나…….

|여우| 난 여우야.

|어린 왕자| 이리 와서 나하고 놀자. 난 아주 쓸쓸해.

|여우| 난 너하고 놀 수 없어. 난 길들여지지 않았으니까.

|어린 왕자| '길들인다'는 게 뭐지?

|여우| 사람들 사이에서 너무 쉽게 잊혀진 것인데, 그건 '관계를 맺는다'는 뜻이야.

|어린 왕자| 관계를 맺는다고?

|여우| 물론이지. 넌 내게는 아직 몇천몇만 명의 다른 애들과 조금도 다름없는 아이일 뿐이야. 그래서 내겐 네가 필요 없어. 또 너도 내가 필요하지 않고. 너에겐 내가 다른 몇천몇만 마리의 여우와 똑같은 여우 한 마리에 지나지 않으니까. 그렇지만 네가 나를 길들이면 우리는 서로가 필요할 거야. 넌 내게 이 세상에서 하나밖에 없는 아이가 될 거고, 나도 너에게 세상에서 하나밖에 없는 여우가 될 거야…….

이때 여우가 말하는 '길들인다'는 것은 어떤 것일까? 지금 자신이 마주하고 있는 어린 왕자에 대해 개념을 가지는 것일까? 전혀 그렇지 않다. 여기서 '길들여진다'는 말의 의미는 이 세상에 허다하게 존재하는 아이로만 보였던 그 어린 왕자가 이제는 특별하게 느껴지는 것이다. 만약 '아이'라는 개념을 가지고 어린 왕자를 대하게 되면 어린 왕자는 결코 특별해 보이지 않을 것이다. 그저 아이 일반 혹은 아이라는 개념에 해당하는 한 아이에 불과할 테니까 말이다. 여기서 길들여진다는 것은 바로 이 아이가 다른 아이와는 다르다는 이 아이의 '차이 자체'를 발견하는 것이다. 그 차이는 결코 개념으로 도달할 수 없다. 미리 아이라는 개념을 가지고 그 아이에 다가갈 경우 그 아이는 그저 하나의 아이에 불과하며, 그 아이가 지닌 '차이 자체'를 발견할 수 없다. 들뢰즈가 보기에 이 세상에 존재하는 모든 것은 '차이 자체'를 지니고 있으며, 그 차이는 틀에 박힌 개념이나 표상의 틀에서 깨

어날 때 드러난다. 그때야 비로소 세상은 개념이 만들어낸 진부한, 너무나도 진부한 동일성의 틀로부터 깨어날 수 있다는 것이 들뢰즈의 생각이다.

 만남 2

차이가 아닌 '차연'의 논리
데리다, 자신만의 방식으로 '차이'를 말하다

들뢰즈가 개념이라는 동일성의 원리에 억압되지 않는 '차이 자체'를 내세웠다면, 데리다는 차이라는 말 대신에 '차연'이라는 말을 사용한다. 데리다와 들뢰즈의 철학은 둘 다 '차이'의 개념을 핵심으로 내세우고 있다는 점에서 유사하다. 그런데 두 사람은 모두 일반적으로 사용되는 '차이'라는 단어를 사용하지 않는다. '차이'라는 말 자체가 이들의 의도와 달리 전통적인 사상에서 사용되던 의미 그대로 '개념적 차이'로 이해될 수 있는 위험성 때문일 것이다. 앞에서 본 것처럼 들뢰즈는 자신이 의도하는 차이의 개념을 '차이 자체'라는 말로 설명한다. 반면 데리다는 자신이 생각하는 차이의 개념을 보다 정확하게 나타내기 위해서 '차연'이라는 새로운 용어를 사용한다.

디페랑스
vs. 디페랑스

차이라는 개념이 데리다에게 얼마나 중요한 것인지는 그의 대표적인 저서 중 하나인 『글쓰기와 차이*L'écriture et la différence*』(1967)의 제목을 보아도 쉽게 알 수 있다. 그런데 이 책에서 가장 잘 알려진 '차연*différance*'이라는 글에서 데리다는 굳이 차이가 아닌 '차연'이라는 말을 고집한다. 세간에 너무 굳어져버린 차이라는 단어만으로는 자신이 말하고자 하는 진정한 차이의 의미를 드러낼 수 없다고 생각한 듯하다. 그래서인지 그는 차이와 차연의 차이에 대한 언급으로 이 글을 시작한다.

그렇다면 데리다가 말하는 차연이라는 개념이 무엇을 뜻하는 것일까? '차연'이라는 말은 프랑스어 'différance'('디페랑스'로 소리 난다)의 우리말 번역어다. 그런데 정작 프랑스어 사전에는 'différance'라는 단어가 나오지 않는다. 사전에는 '차이'로 번역되는 'différence'(이 또한 '디페랑스'로 소리 난다)만이 있을 뿐이다. différance는 데리다가 만들어낸 새로운 말이다. 그래서 궁여지책으로 우리말로는 '차연'으로 번역한다. 이는 영어의 경우에도 마찬가지다. différence는 영어로 difference로 번역이 되지만, différance에 대한 번역어는 존재하지 않는다. 그래서 프랑스어의 différance를 번역하지 않고 그대로 표기하는 경우가 대부분이다.

차이를 나타내는 일상적인 단어인 différence를 쓰지 않고 différance라는 단어를 만들어낸 이유에 대해, 데리다 자신은 différence라는 전통적인 단어가 주는 통념에 대한 거부감 때문

자신이 말하고자 하는 진정한 차이의 의미를 '차연'이라는 말로써 드러낸 자크 데리다.

이라고 분명히 밝혔다. 들뢰즈와 마찬가지로, 차이라고 하면 주로 개념적인 차이 혹은 근대 철학자들이 말하는 차이를 연상시킨다고 생각하기 때문이다. 데리다는 자신이 말하는 차이가 그러한 차이와 다르다는 것을 밝히기 위해서, 의미상으로는 차이를 나타내면서도 '차이différence'라는 말과 구별될 수 있는 역설적인 용어가 필요했다. 그리하여 그는 différence와 비슷하면서도 차이가 나는 différance라는 단어를 고안했던 것이다. 두 단어 사이의 차이라고는 3번째 음절의 모음이 e인지 a인지의 여부에 있을 뿐이다.

데리다가 굳이 하나의 모음, 그것도 3음절의 모음을 바꾼 데는 나름대로 충분한 이유가 있다. 그 이유는 데리다의 설명에 따르면 상당히 유비적인 것이다. 그 이유를 크게 두 가지 들 수 있는데, 신기하게도 이 두 가지 이유가 모두 데리다의 핵심적인 사상과 관련이 있다.

différence와 différance은 프랑스어에서 둘 다 '디페랑스'로 발음된다. 3음절의 모음 e와 a에 의해 표기로는 구분되지만 말로 구현될 때 두 단어의 차이는 소멸되고 만다. 분명히 문자로는 차이가 나지만 말소리로 따지면 차이가 없는 것이다. 데리다에게는 이러한 사실이 무척이나 의미심장한 철학적 맥락을 지닌다.

말과 문자, 위계의 역전
대리보충에 의한 대리보충

데리다에 따르면 서양의 철학은 전통적으로 말(소리)을 숭상하며 문자를 폄하했다. 말은 항상 그 말을 입 밖으로 뱉는 사람이 현전現前하기 마련이다. 즉 말을 할 때는 말하는 사람이 그 순간 그곳에 존재한다. 물론 오늘날 녹음 기술이 발달하고 간소화된 상황에서 말이 꼭 말하는 사람의 현전을 전제하는 것은 아니다. 하지만 그럼에도 여전히 대부분의 대화 상황에서 말은 말을 하는 화자가 직접 현전하는 것을 전제한다. 이와 달리 문자는 특별한 경우를 제외하고는 글을 쓰는 그 순간에 저자와 독자가 소통하는 경우는 거의 없다. 글은 대부분 독자가 시간적으로 사후에 읽을 것을 전제로 한다. 그렇기 때문에 말은 말을 하는 사람의 현전을 전제하는 반면 글은 독자가 읽는 시점을 기준으로 글쓴이의 부재를 전제한다고 할 수 있다.

플라톤은 말은 말하는 사람의 현전을 전제한다는 점에서 진리에 가깝다고 믿었다. 이에 반해 글은 글쓴이의 부재를 전제한다는 점에서 항상 왜곡의 가능성이 존재한다. 이는 상식적으로도 쉽게 납득이 간다. 우리가 어떤 사람을 직접 대면한 상태에서 그 사람의 말을 들을 경우엔 그 말을 비교적 쉽게 알 수 있다. 그 순간의 주변 상황이나 그 사람의 얼굴 표정까지 생생하게 파악할 수 있기 때문이다. 하지만 글의 경우 글을 쓴 사람이 부재하기 때문에 글의 의미는 오히려 읽는 사람의 임의대로 해석될 수 있다.

물론 글의 장점은 분명하다. 말은 한순간 발생하며 발생하는 동시에 사라져 저장하거나 보존할 수 없지만 글은 그 자체로서 시간의 한계를 뛰어넘는다. 따라서 글은 말을 대신할 수 있다. 예를 들어 소형 디지털 녹음기가 일반화되기 이전에 사람들은 자신이 듣는 강의를 저장하기 위해 공책에 꼼꼼하게 기록했다. 하지만 아무리 잘 정리된 노트라도 열이면 열 모두 제각기 다를 뿐 아니라 강의를 제대로 기록한다는 보장도 없다. 만약 강의를 들은 학생 한 명이 강의의 어떤 내용을 오해한 채 기록했는데, 그 노트가 그대로 보급된다면 엄청난 혼란을 불러일으킬 것이다. 글은 저장을 통해 말을 시간적인 소멸에서 구해내려 하지만 오히려 역효과를 낳을 수도 있는 것이다. 게다가 기억을 위해 기록하는 습관을 들인 사람은 거꾸로 문자에 의존함으로써 기억력이 퇴보하는 경향이 나타나기도 한다.

이런 점에서 플라톤은 문자를 달갑지 않은 불청객으로 보았다. 그리고 대화편 『파이드로스^{Phaidros}』에서 소크라테스$^{Socrates,\ BC\ 469\sim399}$의 입을 빌려 문자에 대해 경멸의 의미를 나타냈다. 데리다의 저서 『산종$^{La\ dissémination}$』(1972)의 '플라톤의 약국$^{La\ pharmacie\ de\ Platon}$'이라는 글은 이에 대해 상세하게 분석하고 있다.

소크라테스는 소피스트들이 문자나 대화술, 기록 등에 애착을 갖는 것에 반감을 품고 있었다. 그는 이집트 신화를 비유로 들면서 문자가 가진 위험성을 경고한다. 이집트 신화에 따르면 문자, 숫자, 계산, 기하학, 천문학은 테우트^{Theuth} 신의 발명품이다. 이집트의 타무스^{Thamus} 왕은 문자의 사용을 철저하게 금지했다. 그래서 명령을 내릴 때는 자신의 입으로만 내릴 뿐 문자로는 전달하지 않았다. 문자를 사용하는 것이 자신의 절대권력에 치명적일 수 있음을 알았기 때문이다. 타무스 왕에게는 토트^{Thoth}라는 아들이 있었다. 그는 아버지가 전쟁에 나가거나 다른 일로 자리를 비울 때 아버지를 대신해 국정을 맡았다. 그러던 중 그는 아버지가 없는 사이를 틈타 테우트의 발명품인 문자를 보급했다. 어떠한 일이 일어났을까? 소크라테스에 따르면 문자가 보급되자 사람들의 기억력이 둔감해지고 생생한 실재를 잃어버리게 되었다고 한다. 이는 마치 토트가 타무스 왕의 명령을 대신하는 충실한 역할자이기도 하지만 결국에는 타무스 왕의 권한을 위협하는 이중적인 역할을 하는 것과 마찬가지다. 가령 타무스 왕의 명령을 문자가 대신한다고 치자. 그렇게 될 경우 타무스 왕의 명령은 생생하고도 절대적인 권위를 상실할 것이다. 소크라테스가 보기에 문자는 바로 이러한 것이다. 말의 생명력을 영원히 보존하기 위해 사용한 문자가 오히려 그 생생함을 제거하고 말 자체의 진리를 위협하게 되는 것이다. 그리하여 플라톤의 기록에 따르면, 소크라테스는 문자를 '파르마콘^{pharmakon}'에 비유했다.

파르마콘은 일반적으로 '약藥'으로 해석되지만, 소크라테스의 비유에는 이중적인 의미가 있다. 파르마콘은 가끔 '독당근'이라고도 번역되기 때문이다. 독당근이란 경우에 따라서는 당근(약)이 되기도 하지만 한편으로는 독이 되는 이중의 성질을 내포한다. 예를 들면 심장병에 특효가 있는 어떤 약은 심장병에는 도움이 되지만 신장에는 치명적인 해가 되기도 한다. 그래서 그 부작용을 막기 위해 신장약을 같이 처방하기도 하지만, 그럴 경우 신장약이 위장에 큰 부담을 주기도 한다. 이렇게 파르마콘은 어떤 면에서는 치료제가 될 수도 있지만 다른 면에서는 치명적인 독이 될 수도 있는 것이라 할 수 있다.

문자는 말을 기록해 오랫동안 보존할 수 있으며, 말의 부재 시 말을 대신할 수 있다. 가령 왕의 낙관이 찍힌 문서를 보여주면 왕이 직접 말을 하지 않아도 왕의 명령을 실행할 수가 있다. 하지만 여기서 문제가 발생한다. 타무스 왕의 아들 토트가 타무스 왕을 대신하자 왕의 권위를 위협하게 되었듯이, 문자가 말을 대신하는 순간 그것은 권위를 위협하는 독이 될 가능성이 높다. 왕의 명령을 문자로 대신할 경우 그것은 쉽사리 위조될 수 있을 뿐만 아니라 다른 신하들에 의해 남용될 수도 있기 때문이다. 이렇게 되면 결국 왕의 권력이 약화되어 신하들이 왕권을 찬탈할 수도 있다.

소크라테스는 바로 이렇게 문자에 의한 왕위 찬탈의 가능성을 보고 이처럼 위험한 문자를 경계해야 한다고 주장했다. 문자는 말을 대신하기 위한 '신하'지만, 언젠가는 말을, 즉 '왕위'를 찬탈할 수도 있다는 것이다. 문자는 원래 말의 부재 시 말을 보조하고 대신하기 위한 '대리보충supplément'에 불과했지만, 그것이 역으로 말을 위협한다는 것이다.

하지만 데리다의 해석은 다르다. 왕의 권력은 대리보충물이 없이는 불가능하다. 예를 들어, 타무스 왕이 오랫동안 자리를 비우고 전쟁터에 나가야 할 경우, 그를 대신할 수 있는 대리인이 없다면 왕권은 유지될 수 없을 것이다. 게다가 광범위한 국가의 모든 행정을 다스리기 위해 왕이 직접 모든 곳을 돌아다닐 수는 없다. 왕의 권력을 유지하기 위해서는 왕의 부재 시에 그를 대신할 대리인이나, 왕의 말을 대신할 문자가 절대적으로 필요하다. 그렇기 때문에 단순히 대리보충물이라고 여겨졌던 것이 없다면 왕권은 절대 존재할 수 없다.

　타무스 왕과 그의 권력을 대신하는 신하의 관계는 사실상 역전될 수도 있다. 가령 지방 관청의 관리는 분명 왕의 권력을 대신하는 왕의 신하다. 왕이 어느 곳에나 현전할 수 없기 때문에

| 초대 | 만남 | 대화 | 이슈 |

■■ 지방 관리는 왕의 낙관이 찍힌 문서를 보여줌으로써 왕의 명령을 실행한다. 여기서 왕의 대리인인 지방 관리가 대리보충물인가, 아니면 권력을 행사하려는 지방 관리의 명분으로 이용된 왕이 대리보충물인가?

왕이 존재할 수 없는 곳에서는 그의 신하가 왕을 대신해 권력을 행사한다. 그런데 그 지방에 사는 사람들에게는 지방 관리가 가장 절대적인 권력자다. 왕이라는 존재는 그들에게 너무나 멀리 떨어져 있어 왕권을 실감할 수 없기 때문이다. 하지만 엄밀히 말해 그 지방 관리의 권력은 왕의 대리인이라는 데서 나온다. 이렇게 보자면 왕의 권력은 지방 관리가 사람들에게 권력을 행사하기 위한 명분, 혹은 대리보충물이다. 원칙적으로 보자면 하급 관리인 지방 관리가 왕의 대리보충물이어야 할 테지만, 거꾸로 왕이 대리보충물이 된 것이다. 데리다는 이러한 관계를 일컬어 '대리보충에 의한 대리보충 la supplément au supplément'이라고 표현한다.

왜 '대리보충'인가?

'대리보충' 또는 '보충대리'는 데리다의 사유 전반에 걸쳐 있는 개념이다. 데리다는 이 개념을 자신의 저서 『그라마톨로지에 관하여(De la grammatologie)』(1967)에서 본격적으로 다루고 있다. 이 책은 장자크 루소(Jean-Jacques Rousseau, 1712~1778)의 『참회록(Les Confessions)』(1782)을 독해한 것으로, 데리다는 『참회록』의 구절들에서 '대리보충'의 프랑스어 원어인 '쉬플레망(supplément)'에 주시한다. 루소는 자연을 보충(supplément)하는 것이 교육이며, 말을 보충하는 것이 글이라고 설명했다. 아마도 루소는 '쉬플레망'이란 단어를 '보충'이라는 일반적인 용법으로 쓴 것이겠지만, 데리다는 이로부터 '쉬플레망'에는 두 가지 의미가 필연적으로 내포되어 있다고 보았다. 우선은 '보충'이라는 개념이다. '보충'은 기존의 것에 더하는 것이므로 '잉여'와 '부가'의 의미를 지닌다. 그런데 데리다는 '쉬플레망'에 보충 외의 또 하나의 의미, 바로 '대리'의 의미가 존재한다고 본다. '대리'는 기존의 역할을 대신함을 의미하는 것으로, 이는 기존의 것이 무언가를 '결여'하고 있음을, 기존의 것이 '부재'함을 의미한다. 이렇게 잉여와 결여, 보충과 대리의 의미를 동시에 지닌다는 점에서, 데리다의 '쉬플레망'은 '대리보충'이라는 의미로 해석하고 번역한다.

이러한 '대리보충에 의한 대리보충'의 논리는 말과 문자의 관계에도 똑같이 적용할 수 있다. 말과 문자를 각각 왕과 지방 관리에 비유해보자. 문자는 말을 대신한다. 말이 부재할 경우 그 말을 대신해 말을 기록할 수 있기 때문이다. 그렇기 때문에 문자는 분명히 말의 대리보충이다. 하지만 과연 그럴까?

플라톤이 남긴 대부분의 대화편에 소크라테스가 등장한다는 것은 유명하다. 플라톤은 소크라테스의 말을 기록하기 위해 문자를 남겼다. 플라톤의 글은 그 자신이나 소크라테스가 한 말의 대리보충물이다. 하지만 플라톤이 죽고 없는 오늘날, 플라톤이나 소크라테스의 생각에 접근할 수 있는 유일한 방법은 그들의 말이 아닌 플라톤의 글이다. 그런데 정말 중요한 사실은 플라톤의 기록들, 즉 문자들이 실제로 소크라테스가 한 말이든 아니든, 아니 설령 소크라테스가 직접 한 말이라 하더라도 사람들은 그 기록의 의미를 절대적으로 해석한다는 점이다.

플라톤의 사상은 철저한 이성주의로 해석되기도 하지만 간혹 에로티시즘을 강조한 감성주의로 해석되기도 한다. 이 모든 해석은 플라톤의 기록에 의거한 것이지 결코 플라톤의 말에 따른 것이 아니다. 왜냐하면 플라톤은 이미 존재하지 않기 때문이다. 이제 플라톤의 말을 대신하는 문자가 말의 권위를 찬탈하고 절대적인 권력을 갖게 된 것이다. 물론 그렇다고 해서 플라톤이나 소크라테스가 한 말의 위력이 없어진 것은 아니다. 사람들은 어디까지나 그들이 읽고 있는 문자가 플라톤과 소크라테스의 말을 담고 있다고 믿으며, 그러한 믿음에서 플라톤의 텍스트는 권위를 갖는다. 그렇지만 정작 사람들의 사고에 영향을 끼치는 것은 텍스트일 뿐이다. 따라서 플라톤과 소크라테스의 말은 그것을 대신하는 대리보충물인 문자로 된 텍스트의 대리보충물로 전락한다. 대리보충에 의한 대리보충인 것이다.

데리다가 이런 주장을 하는 것은 말과 문자의 전통적인 위계질서를 거부하기 위해서다. 말은 그것을 내뱉는 사람의 현전présence을 전제하므로 진실을 담고 있지만, 글은 부재absence를 전제하므로 허위적일 수 있다는 생각에서 말이 문자보다 우위에 선다. 여기에는 '현전'한다는 것에 대한 깊은 신뢰가 바탕이 된다. 하지만 데리다가 보기에는 말 또한 믿을 것이 못 된다. 오히려 말이 더 진리와 무관한 경우가 많다. 글은 익명성이 보장되는 경우 사람의 속마음을 드러내는 도구가 되지만, 말은 듣는 사람과 대면하기 때문에 속마음을 은폐하기 마련이다. 공중 화장실의 벽면에 온갖 음탕한 표현들로 낙서하거나 인터넷상에서 악성 댓글을 남기는 사람들 중에는 일상생활에서는 점잖고 겸손해 보이는 사람들이 있다는 사실만 봐도 그렇다.

다시 디페랑스의 이야기로 돌아가보자. 데리다가 발음상 동일한 '디페랑스'를 표기상으로만 e와 a의 차이로 나타내고자 하는 것은 나름대로 말에 대한 신뢰가 얼마나 덧없는 것인지를 보여주는 일종의 장난으로 볼 수 있다. 디페랑스는 말로는 드러나지 않으며 오로지 문자로만 드러난다. 이 얼마나 기발한 아이디어인가?

여기서 데리다의 재치가 다시 한 번 발휘된다. 그가 différence라는 단어에서 3번째 음절의 e를 a로 바꾼 것에는 드러나지 않은 암시가 또 하나 있다. 헤겔의 지적에 따르면 a의 대문자 A는 피라미드의 형상화다. 피라미드는 이집트 왕의 무덤을 의미하고, 무덤은 곧 죽음과 연결된다. 그래서 a는 거대한 묘비나 죽음에 비유될 수도 있다. 한마디로 a는 살아 있는 것이 아니라 죽은 존재처럼 느껴질 수도 있다. 즉, "알파벳의 차이는 눈으로 볼 수 있고 글로 쓰일 수도 있지만, 발음이 같기 때문에 그 차이는 소리로 들리지 않는 것"이다. 그래서 a는 죽음으로 간주될 수도 있다. 그리고 이 죽음은 '음성 언어'라는 폭군의 죽음을 알리는 것이다.

차이는 항상 현재 진행형이다

데리다가 e가 아닌 a를 붙인 이유는 하나 더 있다. 그것은 차이란 어떠한 경우에도 고정되고 결정된 것이 아니라 항상 진행되는 과정에 있음을 나타내기 위해서다. 데리다가 보기에 차이는 과거형이 아니라 동사의 기본형 내지 현재 진행형이다. 이 말은 차이란 이미 결정되어 있는 게 아니라는 뜻이다.

예를 들어보자. 먹을 것이라곤 나무에 주렁주렁 매달린 바나나가 전부인 어느 지역이 있다. 목질로 이루어진 나무나 땅바닥의 흙과는 달리, 바나나는 향기롭고 단 맛이 나는 식물로, 우리가 섭취하면 분명 몸에 쉽게 흡수되어 많은 영양소를 제공한다. 이러한 의미에서 바나나는 다른 사물들과 차이가 난다. 하지만 이것이 바나나가 갖는 의미의 전부일까?

공교롭게도 그곳을 지나던 차 한 대가 갑자기 서버렸다. 어떤 이유에서인지는 모르지만 차가 다시 작동하기 위해서는 젤과 같은 물질이 필요한 상태라고 해보자. 때마침 바나나를 발견한 운전자는 바나나를 으깨 젤 상태로 만들기 시작했다. 이 경우 바나나의 의미는 무엇이며, 또 주변의 다른 모든 것과 구별되는 차이는 무엇일까?

이 세상의 어느 것도 처음부터 차이가 결정되어 있지 않다. 차이라는 것은 그때마다 어떤 상황 속에서 드러나기 마련이다. 예를 들어 밤하늘에 떠 있는 달은 닐 암스트롱^{Neil Armstrong, 1930~}이 최초로 발을 디딘 지구의 위성이기도 하지만, 김소월^{金素月, 1902~1934}의 눈에는 옆집에 사는 노처녀의 의미를 지니기도 한다. 이처럼 차이란 고정되어 있지 않으며 항상 다른 것들과의 유동적인 관계에 의해 드러난다.

사람의 경우를 예로 들면 더 확실하게 이해할 수 있다. 갑작스럽게 나타난 오토바이가 길을 가던 여인을 치고 그대로 달아나려 했다. 주변에는 수많은 사람들이 있었지만, 다들 멍하니 쳐다보기만 할 뿐 누구 하나 나서는 이가 없었다. 때마침 그 옆을 지나다 사고 장면을 목격한 한 청년이 몸을 날려 오토바이를 덮치고 뺑소니 운전자를 잡았다. 그 청년은 분명 의협심이 강한 사람이다. 이제 그는 다른 사람들과 달리 '의협심'이라는 수식어를 붙이게 될 것이다. 그리고 그는 다른 사람들과 구별된다.

하지만 의협심이 정말 그를 다른 사람과 구별 짓는 절대적인 차이일까? '의협심'이라는 수식어가 붙은 이 청년이 매번 자신의 목숨을 걸고 의로운 행위를 할 것이라고는 기대할 수 없다. 게다가 이 청년이 결코 나쁜 짓을 저지르지 않으리라고 단정할 수도 없다. 결론적으로 이 청년은 '의협심'과 동일하지 않으며, 더군다나 '의협심'이라는 단어가 그를 다른 사람들과 구별하는 요소일 수도 없다. 이 청년이 앞의 뺑소니 사건과는 또 다른 상황에 처할 때는 그 의협심을 잃게 될 경우가 반드시 있을 것이다.

우리 자신을 생각해봐도 마찬가지다. 나는 다른 사람과 어떤 면에서 구별될 수 있을까? 다른 사람과 나와의 차이는 이미 만들어진 것이 아니다. 우리는 살아가면서 매번 자신의 차이를 만들어낸다. 차이란 이미 만들어져 있는 어떤 것이 아니라 매 순간 다른 방식으로 나타나는 것이다. 그래서 데리다는 차이를 이미 결정된 것이 아닌 진행 중인 것으로 보았다.

영어에서 동사의 기본형에 '-ing'를 붙여 현재 진행형을 만드는 것처럼 프랑스어에서는 동사의 어간에 '-ant'를 붙여 진행형을 만든다. 동사 différer의 경우, 어간인 différ에 '-ant'를 붙여서 différant이라고 하면 진행형이 된다. 따라서 모음 a는 현재 진행형의 의미를 담고 있기도 하다. 말하자면 차이란 이미 결정된 차이가 아니라 항상 진행되는 차이인 것이다.

그런데 여기에 또 하나의 암시가 숨어 있다. 프랑스어의 동사 différer는 '차이 나다'라는 뜻과 함께 '연기延期하다'는 뜻으로도 사용된다. 그런데 différer의 명사형인 différence는 '지연遲延' 혹은 '연기延期'라는 의미는 없어지고 '차이'의 뜻만 남는다. 데리다는 차이란 이미 결정된 어떤 것이 아니라 항상 진행 중이므로 완전한 차이 혹은 완전한 의미는 영원히 연기될 수밖에 없다고 본다. 따라서 차이를 통해 어떤 것의 의미를 결정한다는 것은 항상 진행 중이므로 완결된 의미는 영원히 불가능하다고 생각한다. 말하자면 차이라는 말에는 곧 연기라는 말이 포함되어 있는 것이다. 그런데 différence라는 말은 차이라는 뜻만을 담을 뿐 연기라는 뜻은 담지 못한다. 그래서 데리다는 '차이'와 '연기'의 뜻을 모두 담을 수 있는 단어로 différance, 즉 '차연'이라는 말을 만든 것이다. 이때 차연은 현재 진행형의 의미를 분명하게 담을 수 있다.

데리다는 차연과 차이를 공간과 시간의 차원으로 설명하기도 한다. 페르디낭 드 소쉬르^{Ferdinand de Saussure, 1857~1913}의 언어학을 보자. 소쉬르의 언어학은 언어를 차이에 의해 만들어진 것으로 설명한다. 예를 들어 '사과'라는 말은 음운적으로 사괴, 시과, 소고, 시계 등과 구별되는 기호일 뿐이다. 사과라는 말과 사과라는 말이 지칭하는 현실의 사과와는 실제로 아무런 상관이 없다. 사과는 그저 다른 기호들과 구별되는, 즉 차이가 나는 기호일 뿐이다.

그런데 문제는 일단 사과라는 기호가 우리가 먹는 과일인 사과라는 개념과 관계를 맺게 되면 그 관계는 절대적이라는 것이다. 배를 사과라고 할 수는 없다. 사과, 배, 건물, 강아지 등의 개념이 일련의 차이에 의해 확립되면 그것은 완결된 체계를 가진다. 이후 기호의 변경 가능성은 없다. 배를 사과라고 한다거나 강아

∷ 소쉬르

스위스의 언어학자. 언어를 특정한 시대의 정태적인 면을 연구하는 공시언어학 측면과 세월에 따라 변화하는 동태적인 면을 연구하는 통시언어학의 측면에서 접근할 수 있는 구조적인 체계로 보았다. 또 인간의 언어 능력과 활동을 개인적 측면인 파롤(parole)과 사회적 측면인 랑그(langue)로 구별하고 파롤과 랑그는 상호 의존적이라고 규정해 구조주의 언어학의 선구자로 간주된다.

지를 망아지라고 할 수 있는 가능성은 전혀 없다. 이러한 체계는 보편적인 체계로서 시간적인 변화의 가능성을 배제한다. 말하자면 하나의 위치에 동시에 두 개의 사물이 공존할 수 없듯이 하나의 기호에 다른 기호의 의미가 공존할 수 없는 것이다.

그러나 데리다는 바로 이 점을 거부한다. 앞서 예를 든 의협심 강한 청년을 의협심이라는 기호로 나타낼 수는 없다. 그는 비겁할 수도 있기 때문이다. 혹은 뺑소니 당한 여인을 도와준 것 자체도 의협심 때문이 아니라 남들에게 자신의 의협심을 과시하려는 소인배적 영웅주의에서 나온 것일지도 모른다. 뺑소니 강도에게 몸을 날린 청년의 행위는 의협심이라는 기호로 포장될 수도 있지만, 만약 다음 순간 여인에게 사례금을 요구하거나 언론사에 자신의 행위를 알리려는 행동을 취했다면 그에게는 영웅주의라는 기호가 마땅할 수도 있다. 데리다는 이러한 점에서 차이란 '공간'으로 완전히 결정된 것이 아니라 '시간'을 통해 변화하는 진행의 과정으로 이해한 것이다.

클로드 모네^{Claude Monet, 1840~1926}의 그림을 예로 들어보자. 말년의

클로드 모네, 「수련」
Claude Monet
Les Nymphéas

모네는 수많은 수련을 그린 것으로 유명하다. 연꽃만 줄곧 그려 대다니 어떤 강박증이라도 있는 것은 아닐까 하는 의문이 들 수도 있다. 하지만 잘 알려져 있다시피 그의 관심은 연꽃 자체가 아니라 연꽃이 드러내는 그때그때의 차이에 있었다. 그런데 어처구니없게도 연꽃의 차이를 드러내겠다는 그의 그림 중에는 바로 '이것이 여느 꽃과는 다른 연꽃'이라고 할 만한, 식물도감에 나올 만한 그림은 하나도 없다. 말하자면 모네가 그린 연꽃 그림은 다른 꽃들과 이미 개념적으로 구분되는 명백한 연꽃의 모습을 띠고 있지 않은 것이다.

　모네의 그림은 차이를 드러내는 데 실패한 것일까? 하지만 그와 반대로 생각할 수도 있다. 만약 다른 꽃과 분명하게 구별할 수 있는 연꽃을 그렸다면, 매 순간 조금씩 변화하는 미세한 차이를 담은 연꽃을 그릴 수 없었을 것이다. 모네가 연꽃을 다른 꽃들과 구별 짓기 위해 식물도감에서 볼 수 있는 분명한 차별적 이미지로 그렸다면 그것은 분명 소쉬르가 말하는 기호라고 할 수 있다. 왜냐하면 기호로서 그 연꽃은 다른 꽃과 분명하게 차이가 나며 구별될 테니 말이다. 그렇지만 그러한 차별적 이미지의 연꽃 그림은 유감스럽게도 우리가 알고 있는 연꽃 이상의 의미를 지니지는 못한다. 그것은 시시각각 변하는 꽃의 질감을 담고 있지도 못하며, 오전의 강렬한 햇빛에 반사된 색감을 전달하지도 못한다. 오히려 모네의 그림은 시시각각 변하는 연꽃의 차이를 드러내기 위해 공간화되고 고정된 이미지를 거부하며 모든 연꽃이 지니는 고유한 보편성을 유보한다.

　모네의 연꽃이 하나의 기호라면, 그 기호는 항상 시간 속에서 시시각각 자신을 드러내지만 동시에 자신이 드러내는 것은 고정된 본질이 아니며 자신의 모습을 드러냄을 지연시킨다. 이렇게 보자면 모네의 연꽃은 연꽃의 흔적만을 드러낼 뿐 공간적으로 차별화된 기호를 드러내는 것이 결코 아니다. 이런 점에서 데리다의 기호는 고정된 기호가 아닌 자신의 '흔적^{trace}'만을 담고 있을 뿐이며 이러한 흔적은 시시각각 차이를 통해 다양하게 드러날 뿐이다. 그러므로 데리다의 기호는 차이를 통해 끊임없이 자신의 흔적을 드러내면서도 자신을 지연하고 유보하는 차연의 표현인 것이다.

 만남 3

존재에 대한 진부한 시각을 거둬라
존재는 다양체다

■■ 존재 속에 감춰진 무한한 잠재성

데리다가 '차연'이라는 새로운 단어까지 만들면서 차이를 강조했듯이, 들뢰즈 역시 '차이 자체'에 집착했다. 그리고 거기에는 그만한 이유가 있다. 이 세상에 존재하는 모든 것에는 아직까지 드러나지 않은 무한한 잠재성이 있기 마련이다. 그러한 잠재성은 그 존재 자체에 귀를 기울이지 않으면 들리지 않는다. 영화 「빌리 엘리어트^{Billy Elliot}」(2000)를 보면, 소년 빌리는 아버지의 강요 때문에 권투를 배우지만 그의 호기심을 자극하는 것은 발레다. 결국 빌리는 아버지 몰래 발레를 배워 유명한 발레리노가 된다. 빌리의 아버지는 사내아이가 발레를 하는 것을 보고 못마땅해하지만, 마침내 아들의 열정을 이해하고 후원한다. 만약 빌리가 사내아이는 발레를 하면 안 된다는 아버지의 통념에 굴복했다면 발레리노 빌리는 존재하지 않았을 것이다.

이 세상의 모든 사람은 빌리같이 무한한 잠재성을 가지고 있다. 사람들은 자신에게 얼마만큼의 잠재성이 있는지 알지 못한다. 빌리가 가진 잠재성도 발레 능력만이 전부는 아닐 것이다. 어쩌면 어린 시절 자신이 흥미를 느끼지 못했던 권투에 대한 잠재성을 가지고 있었을지도 모른다. 아무도 눈치채지 못했고 심지어 자신도 깨닫지 못했지만 빌리라는 존재는 무한한 잠재성을 지닌 존재다. 그런데 빌리의 잠재성이 현실에서 발현되려면 "사내아이는 권투를 해야 해"라는 식의 통념으로는 불가능하다. 빌리라는 한 개인이 가진 특이성에 다가가야만 그 잠재성을 발견하고 현실화할 수 있다.

들뢰즈식으로 말하자면, '사내아이'라는 개념으로 빌리를 규정할 경우 발레리노로서 현실화될 수 있는 그의 잠재성은 완전히 사라지고 만다. 그리고 빌리가 지닌 그 천재성과 독특성, 다른 사람들과의 차이, 즉 빌리만이 가지고 있는 '차이 자체'는 영원히 묻혀버리고 말 것이다. 이제 들뢰즈가 왜 '차이 자체'를 강조하는지 알 만하다.

그런데 이렇게 모든 존재가 '차이 자체'라는 것은 존재 자체가 무한한 잠재성을 지녔다는 의미를 함축하고 있다. 가령, 빌리가 그저 '소년' 혹은 '사내아이'라면 그는 다른 소년들과 동일한 존재일 뿐이다. 분명 그는 다른 소년들과 똑같은 소년이 아니다. 빌리 아버지와 같은 일상인의 기준에서 보자면 오히려 그는 계집애 같은 소년이다. 물론 '계집애 같은 소년'이라는 말도 빌리를 표현할 수 없다. 빌리라는 존재는 어떤 개념으로도 온당하게 나타낼 수 없는 것이다. 그 이유는 빌리라는 존재는 우리가 어떤 특정한 개념으로 정의하는 것보다 훨씬 더 다양한 잠재력을 가지고 있기 때문이다. 그래서 빌리가 '차이 자체'를 지닌다는 것은 어떤 개념으로도 완전히 포괄할 수 없는 무한한 잠재성을 지닌다는 것을 뜻한다.

좀 더 과학적인 사례를 들어보자. 피아노의 건반 가운데 '도' 음을 손가락으로 가볍게 튕겨보자. 이른바 절대음감을 갖지 않은 사람이라도 관습적으로 도 음을 식별할 수 있다. 설령 식별할 수 없다 하더라도 만약 레와 미를 연달아서 쳐준다면 처음 친 음이 도라는 것 정도는 구별해낼 수 있을 것이다.

생뚱맞은 질문이 될 수도 있을 텐데, 과연 도 음은 도 음일까? 피아노가 정상적으로 조율된 상태라고 가정할 때, 피아노 건반의 도를 치면 그 소리는 분명 도 음일 것이다. 그 사실을 부정하거나 의심하는 사람이 있다면 음감이 잘못되었거나 비정상적인 사람으로 생각될 것이다. 하지만 과연 도 음이 진짜 도 음인가에 대한 의문은 사실 지극히 온당한 질문이다.

알다시피, 음은 공기라는 매질을 통해 물체가 내는 진동이 우리의 귀, 정확하게 말해 귀 안의 고막에 자극을 주고 그것을 대뇌에서 소리로 지각하는 것이다. 따라서 소리의 본질은 진동이라고 할 수 있다. 그리고 각각의 소리가 다르게 들리는 것은 그 진동의 폭, 길이, 패턴 등이 서로 다르기 때문이다. 가령 도와 레가 다르게 들리는 것은 서로 다른 진동 체계를 갖기 때문인 것이다.

그런데 흥미로운 사실은 세상에 존재하는 모든 음들이 배음(倍音)을 갖는다는 것이다. 배음이란 진동하는 물체가 내는 소리들 중 원래 소리보다 큰 진동수(보통 원래 소리의 정수배)를 갖는 음을 말한다. 모든 음에 배음이 존재한다는 것은 어떤 음이건 하나의 단일한 음으로 되어 있지 않고 무수히 많은 음으로 이루어져 있다는 뜻이다. 가령 피아노 건반의 도를 치면 도 음만 들리는 것 같이 느껴지지만, 실제로는 그 속에 무수한 배음들이 존재한다. 배음의 존재는 직접 실험을 해봐도 쉽게 알 수 있다. 피아노 건반 가운데 도 음을 손가락에 보통의 힘을 줘서 두들겨보자. 분명히 도 음이 들릴 것이다. 이제 다시 한 번 도 음을 치고, 잠시 후 처음보다 살짝 약한 힘을 가해 도보다 5도 위의 음, 즉 솔을 쳐보자. 그러면 두 소리가 겹쳐져 같은 소리로 들린다. 이제 다시 한 번 보통의 힘을 가하여 중간 도를 친 후 방금 전 솔을 칠 때보다 좀 더 늦게 그리고 약하게 미 플랫(b) 음을 눌러보자. 그러면 역시 처음의 도 소리와 미 플랫이 같은 소리로 들리게 된다.

이렇게 도 음이 다른 음과 겹쳐져서 같은 음처럼 들리는 것은 귀의 착각으로 생각할 수도 있다. 하지만 그렇지 않다. 원론적으로 말하자면 도 음 속에는 도에서 한 옥타브 높은 도 사이에 존재하는 모든 음들이 다 들어있다. 심지어 피아노 건반으로 낼 수 없는 도와 도 샤프(#) 사이, 혹은 미와 미 플랫 사이의 음들도 다 존재한다. 도 음 속에는 무수히 많은 음이 존재한다.

이렇게 보면 도 음을 도 음으로만 규정하고 들을 경우 도 음 속에 감춰진 다양한 소리들은 모두 소멸되고 만다. 그렇다면 도 음을 도 음이라고 규정하지 않고 그냥 하나의 소리로만 지각하면 어떨까? 이 세상의 어떠한 도 음도 모두 다른 도 음으로 들릴 것이다. 갑갑하게 들리는 도, 무거운 도, 가벼운 도, 음산한 도 등 갖가지 도 음이 있을 것이다.

게다가 또 흥미로운 사실은 도 음이 다른 어떤 음들과 어우러져 나타나는가에 따라 전혀 다른 음색으로 들린다는 것이다. 예를 들어 라와 미 사이에 낀 도 음과 솔과 미 사이에 낀 도 음은 전혀 다른 느낌을 준다. 라와 미 사이에 낀 도 음은 6도 마이너 화음으로 단조의 분위기가 나는 반면, 솔과 미 사이에 낀 도 음은 1도 화음으로 장조의 맑은 분위기가 난다. 도 음은 다른 음과 어떻게 배치agencement되느냐에 따라 다른 음이 될 수 있다. 이렇게 배치에 따라 도 음이 다른 소리가 될 수 있는 이유는 도 음 자체가 하나의 단일한 소리가 아닌 무한한 소리를 지니고 있는 '다양체multiplicité'이기 때문이다.

들뢰즈는 세상의 모든 존재를 이렇게 다른 것과 절대적인 차이 혹은 '차이 자체'를 지니면서 무한한 잠재성을 가지고 있는 '다양체'로 보았다. 다양체란 도 음처럼 그 자체가 무수히 많은 소리를 잠재적으로 포함하고 있는 것을 말한다. 그런데 이렇게 잠재된 다양성은 그냥 저절로 표면에 떠오르는 것이 아니다. 그것은 우리가 관습이나 개념의 틀로부터 벗어나 존재를 있는 그대로 파악할 때 나타난다. 도 음을 도 음이라는 관습적인 기준으로 들을 때 도 음의 잠재성들은 모두 상실된다. 사실상 도 음이라는 것은 서양의 음계에나 존재하는 개념일 뿐이다. 도 음이 가지고 있는 풍부한 다양성과 잠재성은 오히려 이러한 음계, 혹은 개념의 구속에서 벗어날 때 우리의 귀에 들리기 시작한다.

개념이 아닌 이념

들뢰즈는 이 세상에 존재하는 모든 사물이 가진 잠재적 다양성을 발견하기 위해서는 개념으로부터 벗어나야 한다고 말한다. 그렇다면 자연스럽게 다음과 같은 의문이 들 것이다. 이 세상에 존재하는 것들을 개념이 아닌 무엇으로 파악할 수 있단 말인가? 이에 답하기 위해 들뢰즈는 다시 칸트의 철학을 빌려온다.

칸트는 개념^{Begriff}과 이념^{Idee}을 구별했다. 개념이란 간단히 말해 책상, 개, 자동차와 같은 보편적인 어휘들이다. 앞에서도 말했지만 우리는 어떤 사물을 지각하고 인식할 때 상상력에 의한 도식과 개념을 사용한다. 예를 들어, 금속이나 플라스틱 새시로 된 몸통 밑에 네 개의 바퀴가 있는 물건을 보면서 그 물건의 단편적인 이미지들을 종합해 하나의 전체적인 형상, 즉 도식을 만들고 이 도식을 자동차라는 개념에 적용해 '그 물건은 자동차'라는 판단을 내린다. 이때 자동차는 분명히 개념이다.

하지만 중요한 것은 어떠한 개념도 그 개념이 지시하는 현실의 사물과 일치하지 않는다는 사실이다. 가령 흰색, 육면체의 고체, 반투명성, 짠맛 등의 성질을 가진 어떤 물질이 있다면 우리는 그것을 소금이라고 할 것이다. 그 물체는 분명 소금임에 틀림없다. 하지만 우리 눈앞에 있는 소금이라는 물질이 단순히 방금 열거한 성질로만 이루어진 것은 아니다. 소금에는 우리가 아직 모르는 무한한 성질들이 존재할 것이다.

이미 예를 든 것처럼 낙지는 문어와 전혀 다른 성질을 가지고 있다. 하지만 낙지의 성질이나 맛 등을 모르는 사람들에게 낙지는 문어로 규정된다. 분명 낙지는 문어가 아니다. 마찬가지로 소금 또한 우리가 소금이라고 부르는 개념에 속하지 않는 무수한 성질들을 가지고 있을 것이다. 소금이라는 개념은 소금 자체와는 분명히 다르다. 그 이유는 우리가 어떤 사물에 대해 갖는 개념은 그 사물의 일부만을 추상해서 만든 것에 불과하기 때문이다.

개념은 인간이 이 세상에 존재하는 것들을 분류하고 체계화하기 위해 만들어낸 것이다. 세계에 대한 지식이 가능하기 위해서는 개념적 체계가 반드시 필요하고 인간은 그러한 지식 체계를 통해 세계를 변화시킨다. 하지만 칸트는 개념적인 인식이란 어디까지나 주관적인 것일 뿐 세계 자체의 모습과 같다고 생각지는 않았다. 즉 개념은 개념일 뿐 개념과 사물 자체는 다르다는 것이다. 이로부터 칸트의 유명한 '사물 자체$^{Ding\ an\ sich}$'(이하 '물자체')라는 철학 용어가 탄생한다.

물자체란 한마디로 말해 사물의 본래 모습이다. 이는 개념과 일치하지 않는다. 그렇다면 물자체란 도대체 무엇일까? 칸트는 물자체는 개념과 다른 것이며 개념으로 영원히 규정할 수 없는 것이라고 했다. 칸트는 만약 물자체를 표현하는 용어가 있다면 그것은 '이념'이라고 말한다.

알다시피 '이념'이란 상당히 주관적인 용어다. 일상에서 이념이란 어떤 개인이나 집단이 믿고 있는 사상 체계를 뜻한다. 이념은 현실적이기보다는 이상적인 것에 가깝다. 칸트가 물자체에 이렇게 주관적이고 이상적인 용어를 붙인 것이 다소 의아할 수 있다. 더군다나 칸트는 '신'이라든지 '영혼' 등을 이념적 대상이라고 말하는데, 그 이유는 이러한 이념적 대상의 존재를 객관적으로 증명할 수 없기 때문이다.

그런데 잘 살펴보면 칸트가 물자체를 이념이라고 본 것은 상당히 재치 있는 발상이기도 하다. 왜냐하면 물자체는 사물 본래의 모습을 의미할진대, 그러한 사물 본래의 모습은 우리의 지각 능력이나 사고 능력으로는 도저히 파악할 수 없기 때문이다. 따라서 칸트에게 이념이라는 말은 그 자체로는 완전하지만 결코 우리가 완전하게 인식하거나 지각할 수 없는 대상을 뜻한다.

이제 이 이념이라는 용어를 들뢰즈의 다양체에 적용해보자. 앞서 예로 들었던 도 음을 떠올려보자. 도 음은 우리에게 개념적으로는 도 음이지만, 그 자체는 무한한 음들을 가진 다양체다. 도라는 개념과 도라는 음 자체는 서로 일치하지 않는다. 도 음에는 수많은 음이 존재하기 때문이다. 완전한 도 음, 즉 도 자체는 이념적으로 존재한다. 그러나 도 음이 가진 다양한 음들을 우리의 귀가 완벽하게 지각하는 것은 불가능하다.

가장 중요한 사실은 이러한 이념이 그저 주관적인 이상에 그치지 않는다는 것이다. 분명히 도 음 자체는 실재한다. 다만 우리가 도 음이라고 생각하는 개념적인 도 음이 실재하지 않는다. 이렇게 본다면 개념이야말로 허구적인 것이고 이념이 곧 실재가 된다. 도 음 자체가 이념인 이유는 우리의 귀는 아무리 노력해도 도 음 자체가 가지고 있는 무한한 잠재적 성질을 다 지각할 수 없기 때문이다. 말하자면 도 음 자체가 주관적이어서가 아니라 우리가 어떤 노력을 해도 도 음 자체에는 도달할 수 없기 때문에 이념이라고 부르는 것이다. 이념이란 실재하지 않는 주관적인 어떤 것을 나타내는 말이 아니라, 실재하지만 그것에 도달할 수 없는 불가능성의 표현인 것이다.

우리의 귀가 지각할 수 있는 도의 소리는 도 자체가 지닌 무한한 잠재적 소리 중 일부이며, 그중 일부가 우리의 귀에 현실적으로 나타난 것에 불과하다. 여기서 들뢰즈는 잠재성^{virtualité}과 현실성^{actualité}을 대비시킨다. 잠재성은 우리 귀에 들리지 않는 무수한 음들을 포함한 도 음 자체다. 이러한 잠재성은 비록 우리의 귀에 들리지는 않아도 분명히 실재한다. 그렇기 때문에 잠재성은 실재적인^{réel} 것이다. 잠재성은 우리의 귀에 현실적으로 들리지 않을 뿐, 즉 실현되지 않았을 뿐 분명히 실재한다. 따라서 잠재성은 실재성과 대립하는 것이 아니라 현실성과 대립하는 것이다.

지각 작용은 뺄셈의 과정이다

들뢰즈의 이러한 생각은 사실상 앙리 베르그송$^{Henri\ Bergson,\ 1859~1941}$의 지각 이론과 흡사한 점이 많다. 실제로 들뢰즈 자신도 베르그송에게 빚을 지고 있음을 인정한다. 베르그송은 저서 『물질과 기억$^{Matière\ et\ Mémoire}$』(1896)에서 물질$^{la\ matière}$이라는 개념을 무수한 이미지들의 총체라고 불렀다. 그 이유는 분명하다. 앞서 들었던 소금의 예를 다시 살펴보자. 흰색, 육면체, 짠맛, 반투명성의 물질을 우리는 소금이라고 부른다. 여기서 흰색, 육면체, 짠맛, 반투명성 등을 우리는 사물의 성질이라고 부르지만 베르그송은 이를 '이미지'라고 부른다.

그런데 이미 보았듯이 소금이라는 개념과 소금이라는 물자체는 다르다. 소금이라는 물자체는 흰색, 육면체, 짠맛, 반투명성 등 우리에게 지각되는 이미지 외에도 무수히 많은 이미지들로 이루어져 있다. 결국 물자체라 함은 이렇게 무한한 이미지들의 총합이라고 할 수 있다. 베르그송은 이 무한한 이미지들의 총합을 '물질'이라고 부르는 것이다.

세상에 존재하는 모든 물질은 각기 무한한 이미지들의 총합으로 이루어져 있다. 들뢰즈식으로 말하자면 그것들은 무한한 잠재성을 지닌 다양체다. 들뢰즈의 다양체가 곧 베르그송의 물질과 상통하는 것이다. 여기서도 들뢰즈의 다양체 개념이 베르그송의 물질 개념으로부터 많은 빚을 지고 있음을 알 수 있다.

하지만 베르그송이 들뢰즈에게 그보다도 더 많은 영향을 끼친 것이 있으니 바로 지각 이론이다. 일반적으로 지각 작용은 외부의 사물에 우리의 감각 기관이 더해져 이루어지는 작용으로 간주된다. 가령 노란색 풍선이라는 표상은 실제 존재하는 사물에 우리의 시각이 더해져 만들어진 것으로 여겨진다. 그러나 베르그송에 따르면 지각 작용은 정반대의 활동이다. 지각 작용으로 얻어지는 표상은 사물의 무수한 이미지들 중 지각하는 사람의 관심에 들지 않는 것들을 도려냄으로써 얻어진다.

베르그송

'현대 프랑스 철학의 아버지'로 불리는 프랑스 철학자. 수치화와 측정이 가능한 과학의 시간 개념을 거부하고 시간의 본성은 '지속'임을 주장했으며, 이러한 시간의 본성을 인식하는 방법으로 '직관'을 내세웠다. 베르그송은 '지속'이야말로 사물의 가장 내적인 실재를 이루고 있다고 보았으며, 정지가 아닌 운동, 변화, 진화에 가치를 두는 사유를 제시했다. 1927년 노벨 문학상을 수상했다.

다시 소금의 예를 들어보자. 우리 눈앞에 흰색, 짠맛, 육면체, 반투명성 등 무수한 성질들 혹은 이미지들로 이루어진 물질이 있다면 우리는 그것을 소금이라고 생각할 것이다. 그리고 이러한 다양한 이미지들을 종합하여 그 물질에 대해서 '소금'이라는 표상을 얻어낼 것이다. 하지만 우리 눈앞에 있는 소금이라는 물질은 단순히 우리가 아는 성질이나 이미지로만 이루어진 것은 아니다. 소금이라는 물질은 우리가 아는 짠맛, 흰색, 육면체, 반투명성라는 이미지 외에도 우리가 모르는 무수한 이미지를 가지고 있을 것이다. 우리에게 소금으로 지각되는 물질 자체는 사실상 무한한 이미지의 총체다. 소금은 단지 그 물질이 가지고 있는 무한한 이미지 중 우리의 신체에 지각된[perçue] 일부 이미지를 통해 얻어진 '표상'에 불과하다. 즉 무한한 이미지에서 지각되지 못한 이미지들을 뺀 나머지라는 것이다.

우리의 지각이 왜 덧셈이 되지 못하고 뺄셈 작용이 되는지 좀 더 간단한 예를 들어보자. 평소에 옷이나 장신구에 대해 관심이 전혀 없는 A가 패션을 전공하는 친구 B 때문에 마지못해 패션쇼에 끌려갔다. A의 관심은 오직 모델들의 몸매에만 있다. 패션쇼가 끝난 후 B가 A에게 의상에 대해 물었다. A는 패션쇼를 유심히 보기는 했지만 모델들이 무슨 옷을 입고 나왔는지, 심지어는 바지와 치마 중 어느 것을 주로 입고 나왔는지도 기억하지 못했다. A가 기억하는 것이라고는 몇몇 모델의 몸매와 얼굴뿐이다. 분명히 유심히 보긴 했는데도 말이다. 반면 패션을 전공하는 B는 모델들이 어떤 옷을 입고 나왔는지, 양말 색깔은 어떠했는지, 어떤 옷에 어떤 장신구를 했는지를 세세히 기억하고 있다. 어쩌면 패션을 전공하는 B는 A가 기억하는 모델의 몸매와 얼굴은 전혀 기억할 수 없을지도 모른다. 둘 다 똑같은 대상을 보았으되 서로 다른 지각 작용이 일어난 것이다. 즉 자신의 눈에 들어오는 장면 중 자신의 관심사에 따라 일부는 배제하고 일부는 취한 것이다.

따라서 지각 작용이란 물질의 일부를 도려낸 나머지 물질에 대한 이미지일 뿐이다. 물질이란 무수한 이미지들의 총체일 텐

■■ 두 사람이 같은 시각, 같은 장소에서 동일한 패션쇼를 관람하더라도 각자의 관심사에 따라 서로 다른 지각 작용을 경험하게 된다. 지각이 만들어낸 표상은 현실의 일부에 지나지 않는다.

데, 우리는 관심이 가는 것에만 집중하고 나머지는 집중하지 않는 것이다. 이를 시각적으로 표현하자면 마치 영화의 '클로즈업'과 같다. 영화에서 등장인물의 얼굴을 클로즈업할 경우 인물이 처해진 상황, 즉 배경은 흐릿해지고 인물은 현실 공간에서 분리된다.

이로써 베르그송이 지각을 왜 뺄셈에 비유했는지 충분히 알 수 있다. 현실은 무수한 이미지들의 총체인 물질로 이루어져 있지만, 우리의 지각은 그런 충만한 현실의 일부만을 도려내 표상을 만들어낼 뿐이다. 거꾸로 보자면 이러한 표상들은 이제 충만한 현실을 보는 필터의 작용을 하며 현실 자체를 지각하는 데 방해가 되기도 한다.

진부한 시선에 던져진 충격

지각에 대한 이러한 생각은 테크놀로지에 대한 급진적인 견해로 이어진다. 들뢰즈는 테크놀로지의 발전이 인간의 지각을 구속으로부터 점차 해방시킬 수 있을 것으로 기대했다. 이는 호르크하이머나 아도르노와는 상당히 다른 견해를 나타내는 것이며, 대부분의 철학자들과도 차이를 보인다.

사진을 예로 들어보자. 사진은 20세기 초반까지 예술로 취급받지 못했다. 그 이유는 두 가지일 것이다. 하나는 사진이 그 모델이 되는 인물이나 현실 세계와 너무나 닮았다는 사실이고, 또 하나는 사진사는 셔터만을 누를 뿐이므로 어떤 새로운 것을 창조하는 예술가라는 명칭을 결코 부여받을 수 없다는 것이다. 이러한 견해는 상당히 일반적이고 지배적인 것이었다. 이런 편견에 도전하기 위해 맨 레이^{Man Ray, 1890~1976}나 라슬로 모호이너지^{László Moholy-Nagy, 1895~1946} 등은 사진에 모델을 없애고 필름을 빛에 노출시켜 직접 현상하는 '포토그램^{photogram*}'을 창안하기도 했다.

사진에 대한 이러한 일반적인 생각에 의문을 제기한 사람은 발터 벤야민^{Walter Benjamin, 1892~1940}이었다. 그는 사진이 전통적인 예술작품이 추구했던 아우라^{Aura}(원본에서만 느낄 수 있는 독특하고 신비스러운 분위기)를 파괴할 뿐만 아니라, 예술에 대한 새로운 의미를 탄생시킨다고 보았다. 즉 사진은 대량 복제가 가능하기 때문에 원본만을 강조하는 전통적인 예술에서의 권위는 사라지고 감각적인 표피만이 남는다. 말하자면 예술은 진정으로 감각적인 표층을 표현하는 것이 되었다.

:: 포토그램

카메라 없이 곧바로 필름이나 인화지 같은 감광재료 위에 직접 물체를 얹고 빛을 비추어 만드는 기법이나 사진. 물체의 투명도에 따라 다양한 흑백의 톤이 나타나며, 빛을 전혀 받지 못한 부분은 하얗게, 빛이 일부만 투과된 부분은 회색으로 보인다. 또 빛을 비출 때 물체를 움직이거나 광원 자체를 이동시켜 다양한 변화를 연출할 수 있다. 레이의 작품이 환상적이고 초현실주의적이라면, 모호이너지는 명암의 구성 효과를 표현한 작품들이 많다. 사진은 모호이너지의 포토그램.

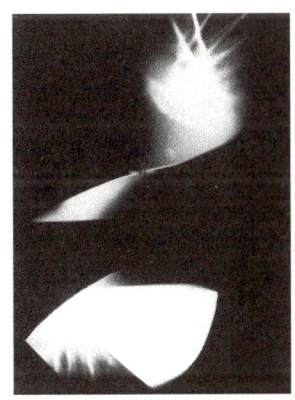

영화 이론가 앙드레 바쟁André Bazin, 1918~1958은 사진에 대해 좀 더 근본적인 물음을 제기했다. 사진은 회화와 달리 현실을 있는 그대로 드러낸다는 것이다. 이때 현실을 그대로 드러낸다는 것은 작가의 관심이나 의도에 따라 이미지가 자의적으로 변경되는 것이 차단됨을 뜻한다. 회화의 경우에는 화가가 현실을 있는 그대로 그리려고 아무리 노력해도 세상을 보는 자신의 관점에 따라 왜곡할 수밖에 없다. 가령 패션쇼에 따라간 패션의 문외한처럼 몸매에만 관심이 있는 사람이라면 인체에 대한 관심 때문에 배경의 구성이 왜곡될 것이다. 또는 반듯한 기하학적 비례에 집착하는 경향이 있는 사람은 자신도 모르는 사이에 화면의 비례를 위해 현실을 왜곡할 수도 있다. 이에 반해 사진은 카메라의 셔터를 누르는 순간 사진을 찍는 사람의 의도가 배제되어버린다. 회화는 인위성에 기초하는 데 반해 사진은 자동성에 기초하는 것이다. 바쟁은 바로 카메라의 이러한 자동성이 사진으로 하여금 현실을 있는 그대로 담게 만드는 요소라고 보았다.

얼핏 생각하면 사진의 발명은 원근법의 연장으로 이해될 수 있지만 실상은 그렇지 않다. 사진은 원근법을 파괴하며 그 허구성을 드러낸다. 사진의 영향을 많이 받은 것으로 유명한 에드가르 드가Edgar Degas, 1834~1917의 그림 「압생트L'Absinthe」(1876)를 보자. 이 그림에서 특징적인 것은 두 인물이 화면의 중앙이 아닌 구석에 배치된 점이다. 왜 이러한 배치가 나왔을까? 엄격한 구도 속에 사물을 배치하는 화가들과 달리, 일상에서 사진을 찍을 때는 구도가 어긋나기 쉽다. 사실, 현실 자체는 엄밀한 구도가 없다. 엄격하게 짜인 구도는 화가들의 머릿속에서 나온 것이지 현실은

에드가르 드가
「압생트」, 1876년
Edgar Degas, *L'Absinthe*

아니다. 사진은 구도나 배치가 결여된 텅 빈 현실 공간만을 드러낼 뿐이다.

바쟁이 보기에 사진은 이처럼 텅 빈 현실 자체를 보여준다. 사진이 텅 빈 현실을 나타내는 것은 두 가지 이유 때문이다. 먼저 현실 자체가 텅 빈 공간이기 때문이다. 다음으로, 화가들은 자신들의 표상 체계를 통해 세계를 채우려 하는 반면, 사진은 그러한 의도를 전혀 갖지 않기 때문에 텅 빈 공허 자체를 그대로 드러내는 것이다.

들뢰즈가 사진이나 영화를 통해 기대하는 것도 바로 이러한 부분이다. 사진이란 기계의 눈이기 때문에 현실에 대해 무관심하다. 따라서 사진을 통한 현실의 지각은 우리 눈으로 세상을 지각하는 것보다 훨씬 더 현실에 가깝다. 물론 그렇다고 해서 카메라가 우리 눈과 달리 현실을 있는 그대로 담아낸다는 것은 결코 아니다. 왜냐하면 카메라라는 것도 결국은 우리 인간의 시각 구조를 모델로 만들어낸 장치에 불과하기 때문이다. 다만 카메라는 인간의 시각 구조와 닮았음에도 개념이나 관습에 얽매이지 않는다는 점에서 인간의 시각이 수용할 수 있는 지각의 궁극적인 가능성을 내포하고 있다. 다시 말하면 카메라는 인간의 눈과 닮았지만, 인간의 눈과 달리 개념이나 관습 혹은 신체적 구속으

베르그송과 들뢰즈의 영화에 대한 관점

베르그송은 프리드리히 니체(Friedrich Nietzsche, 1844~1900)와 함께 들뢰즈에게 가장 큰 영향을 끼친 철학자로 꼽힌다. 특히 들뢰즈의 영화철학은 베르그송의 '이미지'와 '지각 작용' 이론에 기반을 두고 있다고 해도 과언이 아니다. 베르그송은 인간의 지각이 세상의 무한한 이미지들을 모두 지각할 수 없기 때문에, 인간의 지각 작용으로 얻은 표상이란 그 무한한 이미지들 중 일부에 불과하다고 말했다. 따라서 우리가 인식한 운동 역시 실제의 운동을 우리의 지각이 단속적으로 잘라서 재구성한 결과라고 보았다. 베르그송은 이를 전형적으로 보여주고 있는 것이 바로 영화이며, 영화는 그 자체로는 움직이지 않는 단편적인 이미지들을 연속적인 것처럼 보이도록 환영을 만들어낸 것이라고 주장했다. 그러나 들뢰즈는 영화에서의 카메라의 역할에 주목했다. 카메라로 대표되는 영화적 테크놀로지 역시 인간의 지각과 마찬가지로 무한한 이미지의 일부만을 취할 수밖에 없지만, 인간의 지각처럼 어떤 특정한 시점에 구속되지 않아 자유롭기 때문에, 자연적 지각과는 전혀 다른 메커니즘으로 운동을 생산한다는 것이다. 즉 영화는 스크린을 통해 이미지의 움직임을 보여줌으로써, 운동의 대상이나 조건에 관계없이 운동의 이미지를 즉각적으로 보여준다. 카메라 자체가 운동을 가로질러 움직일 수 있기 때문에 운동의 흐름이 더 이상 스크린을 바라보는 관객의 눈에 고정되지 않고 나타나는 것이다. 그래서 들뢰즈는 영화를 인간의 지각에 감지되지 않는 미세한 실재들을 포착해내는 새로운 사유의 길로 본 것이다.

로부터 자유로울 수 있다. 그렇기 때문에 인간의 눈으로 지각할 수 있는 현실의 무수한 이미지들 중 어떤 부분도 도려내지 않고 드러낼 수 있는 가능성이 있다. 이러한 점에서 카메라의 눈은 인간의 눈보다 훨씬 더 뛰어나다고 할 수 있다.

카메라에 대한 들뢰즈의 신뢰는 영화의 새로운 가능성에 대한 그의 신뢰로 이어진다. 바쟁이나 지크프리트 크라카우어^{Siegfried Kracauer, 1889~1966} 같은 리얼리즘 영화 이론가들과 마찬가지로 들뢰즈는 영화가 근본적으로 사진에 바탕을 두고 있다는 사실에서 출발하기 때문이다. 그렇기 때문에 영화를 오로지 문화산업이나 자본주의의 상업적 이윤 추구의 논리에서 비판하고자 했던 호르크하이머와 아도르노의 입장과는 전적으로 다르다고 할 수 있을 것이다.

호르크하이머와 아도르노는 영화가 자본주의의 논리에 지배되어 천박한 도식만을 낳을 뿐이라고 맹렬히 비난했다. 이에 반해 들뢰즈는 영화가 산업이라는 자본의 논리에 지배되고 있는 현실은 인정하면서도 영화 자체가 가지고 있는 새로운 가능성을 폄하하지 않았다. 들뢰즈는 영화가 인간의 눈이 아닌 카메라라는 기계의 눈에 담긴 지각을 바탕으로 한다는 점에서 표상과 관습, 진부한 도식에 의해 지배된 우리의 사고에 새로운 충격을 던질 수 있다고 믿었다.

 만남 4

아름다움의 정체는 무엇인가?

의미와 무의미의 중첩

■■ 경계 없는 경계

다시 원에 대한 이야기로 돌아가보자. 앞에서도 얘기했듯이, 원의 정의는 "한 점으로부터 동일한 거리에 있는 점들의 집합"이다. 하지만 이러한 개념적인 정의만을 가지고 원이 어떤 것인지 알 수 있는 사람은 그다지 많지 않을 것이기에, 원을 직접 그려보든가 원형의 어떤 사물을 보아야 제대로 이해할 수 있을 것이다. 그런데 이렇게 원을 직접 그리든 혹은 머릿속으로 원의 모양을 상상하든, 반드시 원의 윤곽선을 떠올려야 한다. 말하자면 원의 모양을 나타내기 위해서는 배경과 분리된 실제의 선이든 가상의 선이든 어떤 선을 그리거나 상상해야 한다. 여기서 아주 단순하지만 의외로 답하기 쉽지 않은 질문을 던져보자.

과연 원의 테두리를 이루는 선은 원의 안쪽에 속할까, 바깥쪽에 속할까?

이 대답이 결코 쉽지 않은 이유는 유클리드 기하학과도 관련이 있다. 유클리드 기하학에서는 선을 점들의 집합으로 정의한다. 그런데 점은 위치를 나타낼 뿐 크기는 갖지 않는다. 따라서 선도 두께 혹은 굵기 없이 길이만 가진다. 유클리드 기하학의 정의에 따르면 사실상 점이나 선은 전통적인 관점에서 존재하는 것이 아니다. 왜냐하면 크기를 갖지 않기 때문이다.

하지만 현실적으로 크기를 갖지 않는 선을 그리거나 상상할 수 있을까? 우리가 머릿속으로 원을 그릴 때 배경과 분리된 원을 떠올리기 위해서는 어떠한 경계 혹은 테두리가 반드시 필요하다. 바로 이 경계가 원의 테두리를 이루는 선이 될 텐데 이 경계선은 원의 안쪽이나 바깥쪽 어느 곳에 속한다고 단정하기 어렵다. 더욱이 유클리드 기하학을 염두에 둔다면 과연 원의 테두리는 존재하는 것인가 혹은 존재하지 않는 것인가에 대해서도 말하기 어려울 것이다.

이렇게 경계선이 경계의 안쪽에 속하는지 바깥쪽에 속하는지 애매하다는 사실은 실생활에서도 쉽게 찾아볼 수 있다. 예를 들어 운동 종목에 따라 선은 안으로도 바깥으로도 규정된다. 야구 경기에서 타자가 친 공이 1루로 향하는 선과 거의 평행으로 날아갔다. 수비수는 공이 선 바깥으로 나가 파울이 되리라 예상하고 공을 잡으려고 힘껏 몸을 날리지 않았다. 하지만 바닥에 떨어진 공은 끝내 선에 걸친 채 멈췄다. 이 경우 야구의 규칙에 따라 공은 살아 있는 것으로, 바깥으로 나가지 않은 것으로 간주된다. 농구의 경우는 이와 반대다. 현란한 드리블로 공을 몰고 가던 선수가 살짝 금을 밟았다. 물론 그의 발은 선을 완전히 벗어나지 않았고 선 안쪽에 걸쳐 있는 상태다. 하지만 금을 밟은 것을 목격한 심판은 곧장 호루라기를 불어 아웃을 선언하고 공격권을 상대편에게 넘긴다. 야구에서는 선을 경기장의 안쪽으로 간주하는 반면, 농구에서는 선을 바깥쪽으로 간주한다. 이렇듯 테두리 선은 그 자체로 안쪽도 바깥쪽도 아니며, 관습에 따라 안쪽으로도 혹은 바깥쪽으로도 간주될 수 있다. 말 그대로 그것은 경계^{le} ^{bord}일 뿐이다. 이러한 경계는 안쪽에도 바깥쪽에도 속하지 않기

유클리드 기하학과 비유클리드 기하학

유클리드 기하학은 고대 그리스 수학자 에우클레이데스(Eukleidēs, BC 330?~275?)가 정리한 책인 『기하학 원본(Stoicheia)』의 10개의 공리·공준과 그로부터 연역된 465개의 정리·명제를 통해 확립된 기하학이다. 유클리드 기하학은 2,000년이 넘도록 수학 및 물리학의 기본 기하학으로 인정받아왔으나, 19세기 말에 이르러 유클리드 기하학의 제5공준인 '직선 밖의 한 점을 지나 그 직선과 만나지 않는(그 직선에 평행하는) 직선은 하나밖에 없다'를 부정하는 새로운 기하학, 즉 '비유클리드 기하학'이 등장했다. 바로 '직선 밖의 한 점을 지나 그 직선과 평행하는 직선이 두 개 이상 있다'라고 한 '쌍곡기하학'과, '직선 밖의 한 점을 지나 그 직선과 평행하는 직선은 하나도 없다'라고 한 '리만기하학'이 그것이다. 이 세 기하학을 2차원의 면으로 나타내자면, 유클리드 기하학은 평면, 쌍곡 기하학은 말 안장 모양으로 움푹 파인 면, 리만기하학은 타원, 즉 공의 겉면과 같이 나타낼 수 있다. 따라서 2,000년 이상 자명하게 여겼던 유클리드 기하학의 일부 사실들이 비유클리드 기하학에서는 만족되지 않는다. 예를 들어, 삼각형의 내각의 합이 180도인 것은 유클리드 기하학에서뿐이다. 쌍곡기하학에서는 180도보다 작고, 리만기하학에서는 180도보다 크다. 비유클리드 기하학의 출현은 전통적 세계관과 근대적 세계관 양자 모두에 대한 도전이었다. 어떠한 종류의 곡률이나 굴곡도 허용치 않은 채 오직 평면만을 강조해오며 종교처럼 신봉되던 유클리드 기하학이 실은 기하학의 여러 종류 중 하나에 지나지 않을 뿐이란 사실을 일깨워준 것이다.

때문에 실체가 있다고 할 수 없다. 마치 유클리드 기하학에서의 점이나 선처럼.

그런데 여기서 생각을 좀 더 발전시켜보자. 만약 안과 밖을 나누는 경계 자체가 명확하게 존재하지 않는다면 안과 밖이라는 구분도 명확한 것일 수 있을까?

논리적인 비약처럼 보이는 이 황당한 질문이 바로 데리다 사상의 핵심을 이루고 있다고 해도 과언이 아니다. 오늘날 해체주의라고 일컫는 것들은 바로 이러한 문제의식과 관련이 있기 때문이다. 가령 문학 비평의 경우 텍스트의 의미를 전통적으로 텍스트 내부로 간주된 글 자체에서 찾지 않는다. 음악의 경우에도 음악의 의미는 연주뿐만 아니라 전통적으로 음악 외적으로 간주된 사운드 기기, 악기, 의상, 퍼포먼스 등으로 확장된다. 무용 역시 엄격한 제식 동작에서 벗어나 무용으로 간주되지 않던 일상적인 동작까지 유의미한 무용 동작으로 간주된다. 데리다 자신이 실험적으로 참여하기도 했으며, 해체주의의 영향을 많이 받은 건축의 경우에는 건축에서 기능적으로 무의미한 요소들을 완전히 배제한 근대적 기능주의에 대립해 무의미한 것으로 간주되었던 장식적 요소들을 의도적으로 강조하기도 했다. 해체주의의 이 모든 경향은 의미와 무의미라는 전통적인 대립 구도를 허무는 양상으로 나타났다.

파레르곤과 예술작품의 정체

독일의 초현실주의 조형미술가 한스 벨

머Hans Bellmer, 1902~1975는 자신이 직접 제작한 구체球體 관절 인형을 모델로 사진을 찍었다. 그의 작품을 보고 아름답다고 말하는 사람은 없을 것이다. 만약 근대의 시기에 이러한 작품을 만들었다면 공식적인 예술작품으로 인정받을 수 없었을 것이다. 아름다움과는 도무지 거리가 멀어 보이기 때문이다. 하지만 오늘날 벨머와 같은 작품을 예술작품이라고 말하는 데 주저하는 사람은 거의 없다. 이는 곧 우리가 예술작품의 의미를 아름다움에서만 찾지 않는다는 것을, 그리고 예술작품이 반드시 아름다워야 할 필요는 없다고 생각한다는 사실을 반영한다. 과거에는 (물론 아름다움보다 숭고의 범주를 더 중요시하기도 했지만) 예술작품이 아

한스 벨머
「인형」, 1935~1936년
Hans Bellmer, *Die Puppe*

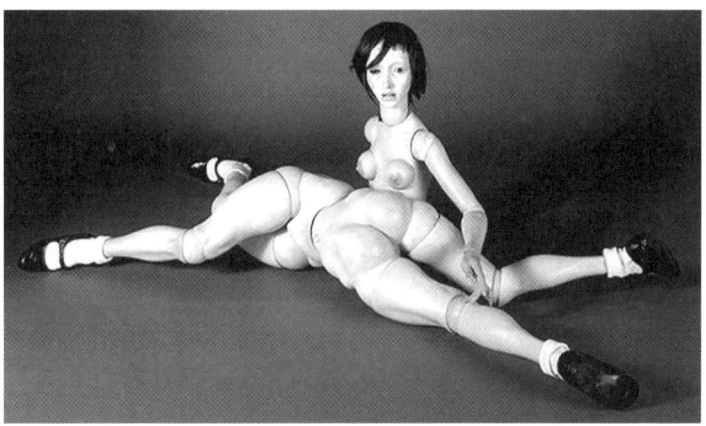

구체 관절 인형은 관절 부위를 둥글게 해 관절이 자유롭게 움직일 수 있도록 만든 인형이다. 1930년대 벨머가 선보인 '인형' 시리즈가 구체 관절 인형의 시초였다. 당시 벨머는 사춘기 소녀의 형상을 실물 크기로 만들어 연작을 내놓았다. ⓒ Hans Bellmer/ADAGP, Paris-SACK, Seoul, 2009

름다움을 구현해야 한다는 생각이 지배적이었다. 그리고 이는 원시시대보다는 고대에, 중세시대보다는 근대에 더욱더 그랬다. 대부분의 근대 미학자들은 예술작품의 가장 본질적인 가치를 아름다움에서 찾으려 했으며, 예술작품의 근원이 되는 아름다움이 어디에 있는지를 밝혀내고자 했다.

'아름다움의 정체는 무엇인가?'라는 문제는 곧 '예술의 근본적인 가치나 의미는 무엇인가?'라는 문제와 통하는 것이었다. 데리다는 『회화에서의 진리La Vérité en peinture』(1978)에서 이 문제를 다루면서 우리가 예술작품의 궁극적인 가치라고 믿는 아름다움의 실체가 과연 무엇인지에 대해 탐구한다. 그는 예술작품과 관련한 가장 근본적인 문제라고 할 수 있는 이 주제를 살피기 위해 예술작품이 하나의 텍스트로서 갖는 미학적 의미가 어떤 것인지 분석한다. 앞에서도 보았듯이 데리다의 이러한 탐구 과정이 어떤 확고한 의미나 규정을 얻기 위한 것이라고 보면 오해다. 오히려 그의 이러한 탐구는 전통적인 사고를 전복하는 것이다.

전통적인 근대 미학자들은 아름다움의 실체를 특정한 무엇이라고 단정 지을 수는 없지만 세월이 지나도 불변하는 영원한 아름다움은 분명히 있다고 믿었다. 가령 레오나르도 다빈치Leonardo da Vinci, 1452~1519의 그림은 국경과 시대를 넘어 아름다운 예술작품으로 간주될 수 있다는 것이다. 근대 미학을 대변하는 칸트는 다빈치의 그림처럼 절대적인 아름다움을 구현하고 있는 예술작품을 보고도 아름답다고 느끼지 못하는 사람이 있다면 그것은 그 사람이 어떤 편견이나 사념에 지배되고 있기 때문이라고 주장했다. 칸트는 우리의 마음이 이렇게 편견이나 사심에 지배되는 상태를 자유롭지 못한 상태로 보았다. 결국 뒤집어 말하자면, 사심을 버리고 관조적인 무관심^{Gleichgültigkeit}의 상태, 즉 칸트가 말하는 모든 구속이 배제된 자유의 상태에서 예술작품을 볼 때 아름다움을 느낄 수 있다는 것이다. 이러한 아름다움은 당연히 역사와 문화를 초월해서 정신적으로 자유의 상태만 유지한다면 누구나 경험할 수 있는 아름다움이라고 생각한다.

그런데 예술작품에서 느낄 수 있는 아름다움의 실체는 어디에 있을까? 예를 들어, 다빈치의 유명한 그림 「모나리자$^{Mona\ Lisa}$」(1503~1506)를 보자. 루브르 미술관을 찾은 우리나라 사람들 대부분이 다른 모든 작품은 다 제쳐두고라도 반드시 보는 그림이 바로 「모나리자」다. 이 그림이 아름답다고 한다면 그 아름다움은 어디에 있는 것일까?

「모나리자」를 불멸의 명화로 남게 하는 요소가 무엇인지 정확하게 규명할 수는 없다. 하지만 그 그림이 예술적 텍스트로서 갖는 범위는 분명하다. 「모나리자」의 예술적 가치는 다빈치가 그린 그림 안에 있다는 것이다. 가령 「모나리자」를 금박 액자에 표구하든 혹은 값싼 나무 액자에 표구하든 「모나리자」의 본질을 이루는 것은 액자가 아니라 액자 안에 있는 그림일 뿐이라고 생각한다. 이제 이러한 액자 안에 있는 예술작품을 에르곤^{ergon}이라고 한다면 액자 혹은 액자틀은 예술작품의 주변적인 것에 불과한 파레르곤^{parergon}이라고 할 수 있을 것이다. 그리스어로 에르곤은 작품을, 파레르곤은 작품의 밖에 작품과 나란히 있는 어떤 것을 뜻한다. 말하자면 예술작품의 본질이 에르곤이라면 파레르곤은 그저 일종의 장식$^{l'ornement}$일 뿐이다. 장식은 예술작품에 포함되는 것이 아니라 그것을 효율적으로 드러나게 하는 것이다. 굳이 '안팎'을 따지자면 파레르곤은 예술작품의 안에 속하는 것이 아니라 틀림없이 바깥에 속하는 것이다. 가령 그림의 틀이나 조각품의 휘장, 건물의 기둥 등은 예술작품의 주변적인 장식에 불과한 것이지 본질적인 요소가 아닌 것으로 여겨질 것이다. 이것이 바로 칸트를 포함한 전통적인 사상가들의 생각이다.

그런데 데리다는 예술작품의 본질적인 것과 비본질적인 것을 명확하게 구분하고 있는 대표적인 근대 사상가인 칸트에게서 독특한 불일치가 발견된다는 것에 주목한다. 그가 보기에 칸트는 파레르곤을 비본질적인 것, 즉 예술작품의 바깥에 있는 것으로 취급하면서도 동시에 예술작품과 무관하지 않음을 은근히 인정하고 있다. 가령 그림의 틀은 그 자체로는 예술작품과 무관하지만 어떤 그림을 어떤 액자에 표구하느냐에 따라 그림의 느낌이 달라질 수 있다는 것이다. 적절한 틀은 예술작품의 가치를 높일 수도 있을 것이다. 그렇게 보자면 파레르곤이 작품과 완전히 무관한 것은 아닌 셈이다. 데리다는 이런 논의를 끝까지 밀고 나가면 파레르곤은 결코 예술작품의 외적인 것이 아니라는 결론이 나온다고 믿는다. 가령 똑같은 영화라고 하더라도 좋은 음향 시설과 조명 장치가 있는 영화관에서 보는 것과 텔레비전에서 보는 것은 완전히 다르다. 좋은 음향 시설과 조명 장치는 영화라는 텍스트와는 아무 상관이 없는 것처럼 느껴질지 몰라도 그 때문에 영화의 의미가 완전히 달라질 수 있다. 같은 음식이라도 어떤 그릇에 담느냐에 따라 맛 자체가 달라지는 것도 한 예다. 말하자면 파레르곤은 전통적인 기준에서 볼 때 분명히 텍스트 바깥에 있지만, 사실상 텍스트 의미를 구성하고 있는 하나의 요소가 될 수 있으므로 결코 외적인 것이 아니다. 파레르곤은 그림의 액자 틀처럼 텍스트 안팎의 경계를 가르는 '틀 le cadre'이다. 그런데 '틀' 자체는 정작 텍스트의 안과 밖 어느 곳에도 속하지 않는다. 그것은 일종의 경계다. 데리다의 말을 직접 들어보자.

> 파레르곤은 에르곤, 즉 완성된 작품에 반대되며, 옆에 있으며, 동시에 부착되어 있지만 어느 한쪽으로 완전히 기울어지지 않는 상태에서, 어느 정도 떨어져 작품 구성에 관여하고 작품의 구성 요소로 작용한다. 바깥도 아니고 안도 아닌 것, 경계의 변두리에서 맞대어 있을 때는 아주 유용한 나무로 된 장식품 같은 것. 이것은 무엇보다도 경계 l'à-bord다.
> 『회화에서의 진리』

말하자면 파레르곤은 예술작품의 내부에도 외부에도 있지 않다. 그것은 안과 밖을 구분 짓는 경계다. 원이나 사각형을 이루고 있는 경계선이 그 도형의 내부에 속하는지 바깥에 속하는지 결정할 수 없듯이 경계로서의 파레르곤 역시 그 성격을 결정지을 수 없다. 그렇다면 데리다가 이런 모순적이고 애매한 파레르곤의 성격에 굳이 주목하는 이유는 무엇일까? 데리다는 파레르곤이 예술작품의 안이나 밖에 속하지 않는 경계 자체임에 주목함으로써 오히려 예술작품 자체가 하나의 파레르곤으로서 안팎의 경계를 갖지 않는 모호한 성격을 지닌 것임을 증명하려는 것이다. 실제로 신인상주의 화가 조르주 쇠라 Georges Seurat, 1859~1891는 「그랑드자트 섬의 일요일 오후 Un dimanche après-midi à l'Île de la Grande Jatte」

(1884~1886)에서 그림의 틀 부분까지 색점을 찍음으로써 에르곤과 파레르곤 사이의 경계를 허물어뜨리고 있다.

만약 예술작품의 의미가 텍스트 내부에 있는 것도 아니고 텍스트 외부에 있는 것도 아니라면 당연히 그것들이 얽히는 중간에 있어야 할 것이다. 따라서 예술작품 자체는 텍스트의 안과 밖의 구분 자체가 허물어진 경계 자체일 뿐이다. 이 경우 예술작품의 의미는 텍스트 속에 고정되어 있는 것이 아니므로 얼마든지 가변적일 수 있다. 말하자면 텍스트를 구성하는 어떠한 고정된 의미라도 쉽사리 '해체'될 수 있는 것이다.

조르주 쇠라
「그랑드자트 섬의 일요일 오후」, 1884~1886년
Georges Seurat, *Un dimanche après-midi à l'Île de la Grande Jatte*

이 그림은 이른바 '점묘법'으로 알려진 색점으로 화면을 채우고 있다. 이 색점이 캔버스뿐 아니라 캔버스를 싸고 있는 틀(프레임)까지 확장되어 있다.

데리다가 본 예술작품의 의미란 바로 이것이다. 그것은 어떤 틀 안에 있는 실체가 아니라 바로 안과 밖을 구분하는 틀 자체라는 것이다. 우리가 아름답다고 느끼거나 미학의 대상이 되는 것은 예술작품의 안과 밖 사이의 경계 자체이며, 이러한 경계가 곧 아름다움의 실체라는 것이다. 이 말을 뒤집으면 아름다움의 실체는 사실상 원의 테두리처럼 허구적인 것이다. 그렇다면 아름다움이 실재한다고 말할 수 없다. 하지만 또 그렇다고 해서 그것을 단지 허구적이라고 말할 수만은 없는 것이다. 아름다움은 예술작품 안에 존재한다고 할 수도 있지만 그 바깥에 있는 것과 전혀 무관한 것이 아니다.

흥미로운 사실은 데리다가 보기에, 아름다움을 작품의 틀 안에서 찾으려 했던 칸트의 미학에서도 이미 이러한 역설이 감지될 뿐만 아니라 오히려 칸트 자신의 미론이 이러한 역설에 바탕을 두고 있다. 칸트에게 예술이란 단지 우리의 감각을 충족시키는 데 불과한 것이 아니며, 아름다움도 그저 감각적으로 쾌적하다거나 만족스러운 경험이 아니다. 보다 거창하게 말하자면 예술작품은 눈에 보이지 않는 고상한 이념을 눈에 보이는 형상으로 실현시키는 것이며, 우리가 느끼는 미감의 경험이란 그러한 이념을 심미적으로 느끼는 것이다.

칸트에 따르면 결국 아름다움이란 눈에 보이지 않는 이념이 눈에 보이는 감각적 형상으로 나타난 것이다. 이 말을 좀 더 확실하게 이해하기 위해서는 칸트가 『판단력비판』에서 들고 있는 미의 규정에 대한 네 가지 계기를 알 필요가 있다. 이 네 가지 계기란 무관심성^{Gleichgültigkeit}, 보편성^{Allgemeinheit}, 합목적성^{Zweckmäßigkeit},

필연성Notwendigkeit이다. 이 중에서 데리다가 주목하는 것이 세 번째 규정인 합목적성이다.

칸트가 합목적성을 미의 필수불가결한 계기로 간주한 이유는 이렇다. 만약 어떤 대상에 형식적인 조화나 균형이 없다면 우리는 그 대상에 미감을 느낄 리가 없을 것이다. 이 말은 곧 우리가 어떤 질서나 규칙 혹은 조화가 전혀 없는 상태를 경험할 때는 아름답다고 느낄 가능성이 없다는 말이며, 반대로 어떤 것을 아름답다고 느낄 경우 그 속에는 적어도 어떤 형식적인 조화나 균형이 존재한다는 것이다. 칸트가 보기에 이는 곧 대상이 '합목적적'이라는 것을 의미한다. 어떤 대상을 볼 때는 아름답다고 하면서 다른 대상에 대해서는 그렇지 않다고 여긴다면 아름다움을 느끼는 대상이 어떤 합목적적인 질서를 가지고 있기 때문이라는 것이다. 칸트는 합목적성을 다음과 같이 정의한다.

> 목적이란 무엇인가에 대해 그 선험적 규정에 따라 정의하자면, 목적이란 어떤 대상의 원인이 되는 개념이다. 즉 그 대상의 존재 이유다. 그리고 이 개념이 대상과 갖는 인과적 관계가 바로 합목적성인 것이다.
> 『판단력비판』

한마디로, 합목적성이란 어떤 대상이 특정한 목적을 가지는 성질을 말한다. 가령 어떤 고고학자가 신석기시대의 집터를 발견했다고 해보자. 그가 집터를 발견한 근거는 무엇일까? 당연히 지질을 탐사하다가 어떤 목적을 가지고 만들어진 땅의 형태를 발견한 것이다. 말하자면 그냥 아무런 목적성도 없어 보이는 것이 아니라 어떤 목적성을 지니고 있는 형체, 즉 합목적성이 있는 어떤 것을 발견한 것이다. 이렇게 어떤 것이 완전히 무작위적이거나 혼돈스럽지 않고 나름대로 규칙성이나 목적성을 갖췄을 때 그것을 합목적적이라고 부를 수 있다. 따라서 합목적성의 핵심은 바로 목적이다.

예를 들면, 비행기의 날개는 날기 위한 비행기의 목적으로 볼 때 합목적성을 지닌다. 책상에 붙은 네 개의 다리 역시 책상 상판을 지탱하기 위한 목적과 관련해볼 때 합목적적인 것이다. 따라서 합목적성이란 항상 어떤 목적을 전제하기 마련이다. 그런데 칸트는 여기서 재미있는 지적을 한다. 미적 대상은 합목적성은 지니되 결코 현실적인 목적이 전제되어서는 안 된다는 것이다. 왜냐하면 미적 대상이 현실적인 목적을 전제로 할 때 그것은 미적 규정의 첫 번째 계기인 '무관심성'과 모순되기 때문이다. 가령, 어떤 화려한 요리를 보고 아름답다는 느낌을 받았다고 해보자. 요리가 인간의 미각을 위한 것이라는 현실적 목적(혹은 관심) 때문이라면 결코 그런 미감이 발생하지 않을 것이다. 그저 빨리 먹어치우고 싶은 생각만 들 것이다. 이러한 감정은 미감과 무관하다. 미감은 오히려 요리의 현실적 목적을 무시할 때 생기는 것이다. 말하자면 대상을 사심 없이 관조할 때 미감이 발생한다는 것이다. 이런 면에서 칸트는 미적 쾌감은 무관심으로부터 발생한다는 근대 경험론 미학의 전제를 받아들이고 있는 셈이다.

어쨌든 칸트는 미적 대상이란 합목적성은 있되 실제로 목적은 없어야 한다는 '궤변'을 늘어놓는다. 그래서 그는 미감을 발생시키는 미적 합목적성이란 곧 '목적 없는 합목적성$^{Zweckmäßigkeit\ ohne}$ ^{Zweck}'이라는 독특한 개념을 만들어낸다. 또 칸트는 이런 합목적성은 실재적인 목적을 전제하지 않기 때문에 다만 '주관적인 합목적성$^{die\ subjektive\ Zweckmäßigkeit}$'에 불과한 것이라고도 정의한다. 하지만 과연 목적이 없이 합목적성이 존재할 수 있는가? 합목적성이라는 개념의 정의 자체가 이미 목적을 전제로 하고 있기 때문에 목적 없는 합목적성이라는 말은 논리적인 모순일지도 모른다. 그런데 문제는 목적을 전제할 경우에 무관심성에 위배되므로 또 모순에 빠지고 만다. 결국 어느 쪽도 모순을 피할 수는 없다. 칸트는 이와 같은 모순을 피하기 위해 목적 없는 합목적성이라는 모순적인 개념을 설정하고 그것을 정당화시키고 있는 셈이다.

이렇게 보자면 칸트의 미학은 스스로 모순에 빠진 것이 되고 만다. 그리고 지금까지 데리다의 주장이 맞는다면, 당연히 칸트의 미학은 폐기되어야 마땅하다. 하지만 데리다가 보기에 칸트의 이러한 모순은 칸트 미학의 약점이 아니다. 오히려 칸트는 자신도 모르게 진정한 아름다움이 무엇인지, 아름다움의 의미가 무엇인지를 가르쳐주고 있다. 역설적이게도 아름다움에 관한 칸트의 이론이 갖는 미덕은 칸트의 아름다움이 모순에 빠졌다는 사실 그 자체다. 데리다가 보기에 칸트의 이론은 틀린 것이 아니라 아름다움의 의미 자체가 모순이라는 것을 드러내고 있는 것이다. 따라서 칸트의 미론이 모순에 빠진 것은 칸트가 예술작품의 본질에 다가섰다는 징후다.

데리다는 칸트가 이러한 역설의 본질에 다가섰음을 '목적 없는$^{ohne\ Zweck}$ 합목적성'의 정의에서 '없는'이라는 말에서 찾아낸다. 이때 '없는'에 해당하는 'ohne'라는 독일어 전치사는 말 그대로 없다는 의미로 해석되지 않는다. 왜냐하면 목적 '없는' 합목적성 이라고 했을 때 실제로 목적이 없다면 합목적성이 성립되지 않 기 때문이다. 따라서 이때 '없는'이라는 말은 '없음'을 나타내기 도 하지만 한편으로는 '있을 수밖에 없음'을 나타내기도 한다. 목적이 없다면 합목적성도 없겠지만, 또 한편 목적이 있다면 그 것은 무관심성과 어긋나기 때문이다.

늘 그렇듯이, 데리다는 이 심각한 문제를 일종의 말놀이를 통해 접근한다. 전치사 'ohne'는 프랑스어에서 전치사 'sans'에 해당한다. 그런데 흥미로운 사실은 'sans'(상)이 '의미'를 뜻하는 명사 'sens'(상스)와 유사하게 발음된다는 점이다. 기묘하게도 '없는^{sans}'이 '의미^{sens}'를 만들어내는 것이다. 아름다움이라는 예술작품의 의미^{sens}가 바로 '없는^{sans}'이란 단어로부터 발생하는 것이다.

그런데 이게 전부가 아니다. 데리다는 '없는^{sans}'과 '의미^{sens}'의 연관관계를 확실하게 규명하기 위해 또 다른 항을 개입시킨다. 그 다른 항이란 두 단어와 역시 발음이 동일한 프랑스어 'sang'(상) 이다. 'sang'은 '피'를 뜻하는 명사다. 이 세 단어는 프랑스어로 모두 '상' 혹은 '상스'로 유사하게 발음된다. 이 세 단어가 어떤 논리적인 연관성 때문에 동일하게 발음되는 것은 아닐 것이다. 다만 우연의 일치로 동일한 발음을 갖게 되었을 뿐이다. 하지만 데리다는 바로 이러한 우연의 일치에서 놀이를 발견한다.

그는 '피^{sang}'는 피부의 '절단'에서 비롯된다는 사실에 착안해,

의미는 바로 이렇게 피를 부르는 절단에서 비롯된다고 말한다. 이때 절단이라는 것은 다분히 은유적인 표현으로, 안과 밖을 명확하게 구분하고 자르는 행위를 상징한다. 그런 점에서 보자면 절단은 '틀'과도 관계있다. 왜냐하면 틀이야말로 안과 밖을 구분하는 경계이기 때문이다. 따라서 데리다는 안팎을 엄격하게 구분해 예술작품의 안쪽에 어떤 불변적인 의미가 보존되어 있으리라 생각하는 것은 피를 부르는 서구 사상의 폭력과도 같은 것으로 간주한다. 예술작품의 '의미^{sens}'는 있는 것도 없는 것도 아닌 모순으로서 '없는^{sans}' 것이며, 안과 밖을 엄격하게 구분해 의미를 가두려 할 경우 '피^{sang}'를 부르는 폭력적인 것이 되고 만다.

거울 속의 거울
미장아빔의 구조

일본의 곤 사토시$^{今敏, 1963~}$ 감독의 만화영화 「천년여우^{千年女優}」(2001)는 매우 독특한 이야기 구조를 지닌다. 영화는 전설적인 여배우 후지와라 지요코^{藤原千代子}의 다큐멘터리 영화를 제작하기 위해 영화사 간부인 다치바나 겐야^{立花源也}가 그 여배우를 만나러 가는 장면으로 시작한다. 지요코는 2차 세계대전 때부터 일본의 영화계를 주름잡은 배우였지만 한창 인기를 누리던 30년 전 갑자기 영화계에서 사라져버린다. 겐야는 어렵게 지요코를 찾아냈지만, 세상과 완전히 등진 그녀가 쉽게 인터뷰에 응하지는 않을 거라 생각했다. 그런데 겐야가 지요코 앞에 오래된 열쇠 한 자루를 내놓으면서 극적으로 인터뷰에 성공하게 된다. 그 열쇠는 지요코가 평생 사랑했던 한 남자가 그녀에게 준 유일한 물건으로, 그녀를 배우로 만들었을 뿐만 아니라 그녀의 일생을 여기까지 끌고 온, 말 그대로 지요코 인생의 수수께끼를 풀 수 있는 열쇠이기도 했다.

2차 세계대전이 한창이던 때, 지요코는 경찰에 쫓기고 있던 한 남자를 만난다. 일본의 전쟁에 반대하는 반정부주의 화가였던 그에게 어린 지요코는 사랑을 느낀다. 진정한 평화의 시기가 오면 자기가 태어난 고향의 밤하늘을 보여주겠다던 그 남자는 '세상에서 가장 소중한 것을 여는' 열쇠만을 남긴 채 경찰에 쫓겨 사라진다.

얼마 후 지요코는 우연히 만주에서 촬영 예정인 영화의 출연 제의를 받게 되는데, 그 남자가 만주에 있다는 소식을 듣고 오로지 그 남자를 만날 수 있을지도 모른다는 희망만으로 영화 출연 제의를 수락한다. 이때부터 지요코의 영화 인생이 시작된다. 그녀는 센고쿠 시대(1467~1573, 일본의 전국시대)를 배경으로 한 영화에서는 무사를 사랑하는 여인으로, 에도 시대(1603~1867)가 배경인 영화에서는 반역죄인을 사랑하는 여인으로, 1930년대 말을 배경으로 한 영화에선 민권 운동가를 사랑하는 여인으로 출연한다.

「천년여우」라는 제목처럼 지요코는 센고쿠 시대부터 미래에 이르기까지 영화 속에서 1,000년 동안의 시대를 거치지만, 그 영화들의 내용은 지요코의 실제 삶과 별개로 존재하지 않는다. 그녀가 일생 동안 찾아 나선 그 화가와의 이루어질 수 없는 사랑은 그녀가 출연하는 영화를 통해서도 항상 반복된다. 영화 속에서 지요코의 사랑은 그녀의 실제 삶과 마찬가지로 항상 이루어지지 못한다. 지요코가 출연하는 영화에서의 삶과 그녀의 삶이 중첩되는 것이다.

「천년여우」는 이른바 '액자영화'의 전형을 보여준다. 액자영화란 액자소설에서 유래한 것이다. 즉 소설 속에 소설이 존재하는 형식인 액자소설과 마찬가지로, 액자영화는 영화 속에 또 하나의 영화 혹은 연극이 존재한다. 셰익스피어^{William Shakespeare, 1564~1616}가 「로미오와 줄리엣^{Romeo and Juliet}」(1597)을 쓰게 된 과정을 가상으로 그린 영화 「셰익스피어 인 러브^{Shakespeare In Love}」(1998)는 영화 속에 연극이 등장한다. 비록 역사적 사실이 아닌 허구에 바탕을 둔 이야기지만, 이 영화에서 셰익스피어는 귀족 바이올라와 사랑을 하게 되는데 그 자신의 비극적 사랑이 영화 속에서 셰익스피어가 쓴 연극의 내용과 묘하게 일치한다. 그런데 영화 속에서 시나리오상 전개되는 연극(혹은 영화)은 결코 영화의 내용과 동떨어지거나 무관한 것이 아니다. 이것이 바로 액자영화의 전형으로 간주될 수 있다.

액자영화의 전형을 보여주는 「천년여우」.

「천년여우」를 보는 관객들은 영화에 등장하는 지요코와 영화의 시나리오상 전개되는 영화 속 영화에서 주인공으로 등장하는 지요코 중 어느 것이 진짜 지요코인지 구별하기 힘들다. 심지어 지요코가 실제로 사랑하는 화가를 쫓아 나서는 장면과 영화 속 영화의 지요코는 내용상 서로 중첩된다. 게다가 지요코를 인터뷰하는 겐야는 엉뚱하게도 지요코가 등장하는 영화의 위기 장면에서 불쑥 나타난다. 한마디로 이 영화에서는 시간과 공간이 뒤죽박죽 얽혀 있는 것이다.

그런데 액자영화로서 「천년여우」의 묘미는 시간과 공간의 뒤범벅에 있는 것이 아니라, 영화가 갖는 스토리의 구조를 매우 흥미롭게 보여준다는 데 있다. 영화의 스토리와 영화 속 영화의 스토리는 서로를 비추는 거울과 같은 구조를 갖기 때문이다. 「천년여우」의 경우만 보더라도 서로를 비추는 거울의 구조를 명확하게 찾아낼 수 있다.

영화상에서 실제 지요코의 삶은 한 남자에 대한 막연한 동경과 사랑을 실현하기 위한 과정으로 일관된다. 그런데 영화 속의 영화, 즉 지요코가 출연하는 영화의 내용들은 모두 지요코의 실제 삶과 같은 의미를 지닌다. 영화 속의 영화라는 공간과 스토리는 이미 지요코의 실제 삶의 공간과 스토리를 설명하는 것만으로 의미를 지닌다. 이렇게 영화 속 영화의 내용이나 의미는 영화의 실제 스토리를 비추는 거울이다.

그렇다면 영화 속 영화는 영화의 실제 공간과 스토리를 설명하기 위한 보조적인 공간과 스토리일까? 이는 잘못된 생각이다. 영화 전체로 놓고 보면 거꾸로 해석될 수도 있다. 즉 지요코가 실제 겪는 삶의 과정들은 오히려 영화 속 영화가 의미를 지니기 위해 존재하는 것이다. 만약 지요코의 삶이 한 남자에 대한 이루지 못할 사랑을 찾기 위한 무모한 과정으로 그려지지 않았다면, 지요코가 출연하는 영화 속 영화의 줄거리나 설정은 영화에서 아무런 의미가 없을 것이다. 즉 영화에서 실제 지요코의 삶은 거꾸로 영화 속의 영화가 의미를 지니기 위한 장치로서 기능한다. 액자영화나 액자소설에서 가장 특징적인 것은 영화 속 영화, 혹은 소설 속 소설이 갖는 비중이 상당히 크다는 점이다. 작품의 내용과 관련 없는 영화 속 영화나 소설 속 소설이 큰 비중을 차지하는 경우는 거의 없을 것이다. 액자영화에서는 본래부터 영화 속 영화가 영화 자체의 스토리에 절대적으로 개입할 수밖에 없다.

이렇게 액자영화는 정확하게 영화에서의 실제 공간과 영화 속 영화에서 벌어지는 공간이 서로 반영하는 구조를 갖는다. 이를 비유적으로 쉽게 설명하면 다음과 같다. 엘리베이터를 탔을 때 그 엘리베이터의 서로 마주 보고 있는 두 면에 거울이 달려 있다고 생각해보자. 즉 우리가 서로 마주 보는 두 개의 거울 사이에 서 있는 것이다. 이때 재미있는 현상이 나타난다. 둘 중의 어느 한쪽 거울만 보아도 그 거울을 보고 있는 나의 모습만 비치는 것이 아니라, 반대편 거울에 비친 나의 모습도 비치며, 또 내가 눈앞의 거울을 쳐다보고 있는 모습이 비친 반대편 거울의 상이 다시 내 눈앞의 거울에 비치는 등의 현상이 수없이 나타난다. 그렇다면 그 거울 속에 나타난 내 모습은 무한 개일 것이므로 세는 것이 불가능하다. 말하자면 거울은 무한한 깊이를 지니고 무한한 상을 담는 심연深淵의 공간, 즉 미장아빔$^{mise\ en\ abyme}$•의 구조다.

그런데 재미있는 문제가 발생한다. 이렇게 수없이 많이 비친 상 중에서 어느 것이 나의 원본이고 복사본인가? 바로 눈앞 거울에 가장 크게 비친 내 이미지를 원본으로 봐야 할까? 사실 이런 구분은 무의미하다. 거울에 직접 비친 나의 상이나 반대편 거울에 비친 상, 또는 그 상이 다시 이쪽 거울에 비친 상들 중에서 어느 것이 진짜인지 가리는 것은 이미 무의미하다. 말하자면 진짜라고 믿는 것의 의미는 이미 실종되고 만다.

이러한 구조는 「천년여우」의 지요코의 삶에서도 분명하게 드러난다. 지요코는 막연한 동경의 대상인 남자를 찾아 헤매지만 사실 그 남자는 이미 죽은 지 오래다. 지요코의 삶이 추구하는 대상 자체가 이미 없는 것이다. 하지만 나중에 그 사실을 알게 되었을 때 지요코는 그다지 충격을 받지 않는다. 그러고는 이렇게 말한다. "내가 사랑한 것은 그 남자가 아니었을지도 모르죠. 내가 진정 원한 것은 한 남자를 사랑하는 내 자신의 모습이었을지도 몰라요."

지요코에게 그 남자의 실상은 어쩌면 중요한 것이 아닐 수도 있다. 마찬가지로 그 남자는 이 영화에서 지요코의 삶을 이끌어

미장아빔

'미장아빔(mise en abyme)'의 'abyme'은 바닥이 존재하지 않는 심연을 뜻하는 말로 라틴어 'abismus'에서 유래했다. 'mise en abyme'을 글자 그대로 해석하면 '심연에 놓다'라는 뜻으로, 마주 보는 두 거울에 반대편 거울의 상이 끝없이 비치는 것(심연)을 가리킨다. 영화 속 영화, 그림 속 그림, 사진 속 사진, 소설 속 소설 등 담화 속에 또 다른 담화가 발화되는 구조다. 이때 미장아빔의 구조에서는 원본과 복사본의 경계가 무의미하다. 이런 면에서 실재(원본)와 모방(복사본)이 뚜렷이 구분되고 위계관계가 성립하는 '미메시스'와는 다르다. 「천년여우」에서 영화 속 영화의 스토리는 영화 자체의 구조와 주제를 반영해내고, 영화 자체도 영화 속 영화의 줄거리가 의미를 지니도록 개입된다. 이처럼 서로가 서로를 비추고 반향하는 자기반영적 요소 때문에 미장아빔의 구조는 자기성찰의 기능 또한 갖게 된다.

가는 장본인이란 점에서 절대적인 의미를 지니지만, 아이러니하게도 이 남자 자체가 어떤 남자인지는 전혀 중요하지 않다. 그 남자는 어떤 특정한 내용을 갖는 기호가 아니다. 그저 지요코의 절대적인 욕망의 대상이 되고 있는 텅 빈 기호일 뿐이다.

어쩌면 우리가 의미를 부여하고 기호라고 보는 모든 것들이 이렇게 뻥 뚫린 것일지도 모른다. 말하자면 기호란 원래부터 공허한 것일지도 모른다. 이것이 바로 데리다가 기호를 바라보는 관점이다. 기호의 의미는 지요코의 욕망이 채우고 있을 따름이다. 데리다는 이렇게 「천년여우」와 같은 미장아빔의 구조가 텅 빈 기호의 특성을 나타낸다고 보았다.

미술 이론가 로절린드 크라우스^{Rosalind Krauss, 1941~}는 데리다가 생

■■ 서로 마주 보는 두 개의 거울 사이에 서 있으면 양 거울 속에 동일한 상이 비치는 현상이 수없이 반복된다. 이와 같이 서로가 서로를 비추는 미장아빔의 구조에서 어느 것이 원본이고 복사본인가 하는 것은 무의미하다.

각하는 미장아빔의 구조가 현대 예술의 특성을 잘 드러낸다고 보았다. 크라우스에 따르면 현대 예술작품은 기호학적으로 '전환사^{shifter}'의 특성을 가진다. 전환사란 '이것', '지금', '여기'와 같이 하나의 특정한 내용을 담고 있지 않은 지칭사^{deixis}를 뜻한다. 이것, 지금, 여기와 같은 전환사는 사과나 자동차 등의 일반 명사와 완전히 다르다. 그것은 전환사를 사용하는 사람에 따라 혹은 맥락에 따라 지칭하는 대상이 항상 변할 수 있다. 이는 전환사가 특정한 의미를 담지 않는 비어 있는 기호이기 때문에 가능한 것이다. 크라우스는 20세기 이후 현대 미술의 작품들이 전환사의 특성을 띤다고 보았다. 현대 미술의 작품들은 미리 정해진 기호가 아니라 비어 있는 기호로서 맥락에 따라 항상 변화하며, 아예 무의미한 것이기도 하다.

    데리다가 예술작품의 근원적인 의미를 통해서 말하고자 하는 것은 이렇다. 예술작품의 의미는 파레르곤처럼 무의미와 의미의 중첩이며, 어떠한 확고한 경계를 지니는 것이 아니다.

 만남 5

통합과 일탈이 공존하는 '기계적' 존재

들뢰즈와 '기계'

■■ **'기계적인 것'과 '기계론적인 것'**

기계라는 말을 들었을 때 사람들이 떠올리는 이미지는 대체로 유사하다. 수많은 공정이 체계적으로 돌아가고 있는 공장이나 각종 부속품이 꽉 들어찬 조립물의 이미지가 바로 그것이다. 시계를 해부하면 많은 부품들로 이루어져 있는 것을 볼 수 있다. 분해 가능한 기계 부품으로 이루어진 이상, 시계는 당연히 기계의 범주에 속한다. 컴퓨터의 경우도 마찬가지다. 컴퓨터를 부팅하면 바탕화면에 여러 아이콘이 떠오르고, 그중 하나를 클릭하면 응용 프로그램이 실행된다. 이 모든 과정은 사람의 손에 의해 이루어지는 것 같지만, 알고 보면 부팅을 하는 순간 메인보드에 전기가 공급되고 CPU나 메모리에 입력된 명령을 통해 일사불란한 체계를 지니고 이루어지는 것이다.

로봇의 경우를 보자. 기술의 발달로 가정용 로봇 청소기까지 등장하며 로봇은 사람들의 생활 속으로 깊이 들어왔지만 그렇다고 해서 로봇을 하나의 독립된 생명체로 인정하는 일은 거의 없다. 설사 겉모습이 인간과 거의 구별이 되지 않을 정도로 발전된 로봇이라 해도, 그 내부가 일사불란한 부품의 체계임을 알기에 생명체가 아니라 기계로 생각하는 것이다. 때문에 키우던 강아지나 화분의 꽃이 수명을 다했을 때는 죽었다고 표현하는 반면, 일상적으로 접하던 로봇이 작동하지 않을 경우에는 죽었다고 하기보다는 '망가졌다', '고장 났다'라고 표현한다. 아무리 로봇이 식물보다 더 복잡한 체계와 회로로 구성되어 있어도 '로봇이 죽었다'라는 표현은 어색하다. 이처럼 일반적으로 기계는 생명체와는 구별된다.

하지만 그렇다고 기계가 발끝에 차이는 돌멩이나 흐르는 물과 같은 무생물체와 동일시되는 것도 아니다. 기계가 생명체도 무생물체도 아닌 이유는 일사불란한 어떤 체계를 지니고 엄격한 규칙에 따라 움직이기 때문이다. 일반적으로 돌멩이나 물, 흙 등의 무생물, 심지어 우리가 날마다 지나다니는 도로 등은 기계라고 부르지 않는다. 그것은 미리 정해진 어떠한 체계에 따라 존재하는 것이 아니기 때문에, 사물이라고는 불러도 기계라고는 부르지 않는다. 기계의 미덕은 인간이 이미 계획한 원리에 따라 한 치의 오차도 없이 작동할 때 발휘된다.

이렇게 생물체나 무생물체와 대조되는 기계의 특성을 살펴보면 우리가 생각하는 기계의 정의에 대한 일정한 이미지가 떠오른다. 기계의 정의에 관한 한 우리는 근대적 기계론에 거의 전적으로 의존하고 있다. 근대의 대표적인 기계 장치는 시계다. 이는 근대 사상가들이 세계를 잘 짜인 기계라고 보고, 이를 비유적으로 표현할 때 시계를 곧잘 언급하는 데서도 드러난다. 시계는 태엽(나선형 스프링) 장치의 복원력이 미세한 톱니바퀴들의 연쇄를 통해 시곗바늘에 전달돼, 시곗바늘이 일정한 간격으로 움직이는 방식으로 작동한다. 이렇게 한 치의 흐트러짐도 없이 정확하게 동력이 전달되는 체계를 기계라고 보는 것이다. 그래서 '운동학의 아버지'로 불리는 기계공학자 프란츠 뢸로Franz Reuleaux, 1829~1905는 기계를 "결정된 운동들을 산출하면서 자연적인 역학적 힘들을 작용하게 하는 방식으로 배열된 단단한 물체들의 집합"이라고 정의했다. 이러한 정의는 우리가 알고 있는 기계에 대한 이미지와 가장 잘 부합하는 것이다.

하지만 들뢰즈는 기계를 이렇게 단단하고 일사불란한 체계를 갖춘 물건들로 정의하고 있지 않다. 그는 이 세상에 존재하는 온갖 것들을 기계라고 부른다. 시계도 당연히 기계에 포함되겠지만, 국가를 비롯해 법이나 제도 등 눈에 보이지 않은 추상적인 것들까지도 들뢰즈는 기계라고 부른다. 심지어 음악 기계, 전쟁 기계, 얼굴 기계, 추상 기계 등 온갖 것들에 대해 주저 없이 기계라는 명칭을 부여한다. 그가 쓰는 기계라는 말의 범위는 이 세상에 존재하는 유형 혹은 무형의 어떤 것에 대해서도 적용이 가능한 듯하다.

이렇게 들뢰즈가 말하는 기계라는 개념은 매우 광범위하게 적용된다. 즉 들뢰즈의 기계 개념은 뢸로의 정의와 같이 우리가 쉽게 떠올리는 기계의 개념과는 분명 다르다. 우리가 알고 있는 상식적인 의미로는 들뢰즈가 말하는 기계에 대한 이해가 불가능하다. 뢸로가 정의한 '일사불란하게 배열된 부품들로 이루어진 단단한 물건'이라는 기계의 정의는 들뢰즈가 '기계론적^{mécanique}'이라고 부르는 것에 적합하다. 들뢰즈는 '기계론적'인 것과 '기계적^{machinique}'인 것을 구분한다. 기계론적인 것이 미리 설계된 대로 한 치의 오차도 없이 형성된 체계라면, 기계적인 것은 그러한 엄밀한 체계를 벗어난다. 기계론적이라고 하는 것은 페달을 밟으면 체인에 의해 바퀴에 달린 톱니바퀴로 동력이 전달되어 바퀴가 움직이는 자전거 같은 일사불란한 기계 장치와 관련된다. 그러나 기계적이라는 수식어는 이와 다르다. 들뢰즈에게 기계적이라는 표현은 서로 이질적인 것들이 섞여 있어 언제나 변형될 수 있는, 잠정적이고 우연적인 배치의 상태와 관련이 있다. 곧 들뢰즈에 따르면, 우리가 알고 있는 기계라는 정의와 관련된 것은 '기계론적'이지 결코 '기계적'이 아니다.

이렇게 보자면 우리가 알고 있는 기계의 개념은 상당히 근대적인 개념이다. 기계에 대한 뢸로의 정의는 근대 철학자 데카르트의 사상을 계승한 것이다. 데카르트 스스로도 이러한 근대적인 의미에서 기계를 이해하고 있었다. 나아가 그는 아예 이 세상이 기계와 같다고 생각했다. 마치 시계처럼 말이다. 우리는 시간을 알고자 시계를 들여다볼 때 시침과 분침이 있는 시계의 표면만을 본다. 하지만 표면 밑에는 시계를 이루는 수많은 부품들이 조립돼 있다. 데카르트는 이 세상의 표면은 감각적으로 보면 매우 이질적이고 우연적인 것처럼 보여도 그 내부는 시계 속 부품처럼 매우 정밀한 체계로 이루어져 있다고 믿었다. 그는 심지어 인간 또한 시계처럼 매우 정밀한 부품으로 이루어진 기계로 보았다. 그가 자신의 저서 『방법서설Le Discours de la méthode』(1637)에서 인체의 모든 육체적 활동은 "기계의 운동이 태엽의 힘과 톱니바퀴의 형태에서 생기는 것과 같은 것"이라고 밝힌 구절은 그의 기계론적 세계관을 집약적으로 드러낸다.

근대의 많은 사상가들이 기계라는 개념을 선호했다. 심지어 모더니즘 건축의 대표자인 르코르뷔지에Le Corbusier, 1887~1965는 건축을 인간이 거주하기 위한 기계를 만드는 것으로 정의했다. 이들은 우리가 살고 있는 집까지도 기계라는 표현을 사용하는 데 망설임이 없는 것이다. 데카르트나 르코르뷔지에의 이러한 표현은 얼핏 보면 들뢰즈가 기계를 시계나 자전거, 자동차 등에 한정하지 않고 확장시킨 것과 비슷하다고 생각할 수도 있다. 하지만 들뢰즈와 이들이 말하는 기계는 근본적으로 다르다. 데카르트나 르코르뷔지에의 기계는 들뢰즈가 말하는 '기계론적' 기계이지 결코 '기계적' 기계가 아니다.

들뢰즈는 이 세상에 존재하는 모든 것을 궁극적으로 기계로 간주했다. 그 이유는 어떠한 존재이든 나름대로의 체계성을 가지고 있기 때문이다. 가령 길가에 있는 돌멩이는 쇳덩어리와 다른 체계성을 지니고 있다. 법은 도덕과 다른 체계성을 지닌다. 법은 법만이 갖는 고유한 체계성이 있다. 따라서 법이라는 기계는 도덕이라는 기계와 다르다. 또한 여성과 남성은 서로 다른 체계에 의존하므로 여성 기계와 남성 기계가 다르다. 마찬가지로 백인 기계와 황인 기계는 서로 다르다. 이렇게 보자면 존재하는 모든 것을 기계라고 할 수 있을 것이다. 하지만 이때 기계는 분명히 근대적인 의미에서의 기계가 아니다. 근대적인 의미에서 기계는 엄격하게 짜놓은 질서로부터 한 치의 일탈도 허용되지 않는다. 하지만 만약 들뢰즈가 어떤 존재를 남성 기계라고 부른다면 남성 기계 속에는 남성성만이 존재하는 것이 결코 아니다. 모든 남성이 크든 작든 여성성을 지니고 있기 때문이다. 또 동시에 그 남성 기계는 남성성과 무관한 황인 기계이기도 하며, 또는 부르주아 기계일 수도 있다. 이렇게 존재란 원래 무수히 많은 층위를 가지고 있기 때문에 하나의 단일한 기계로서 정의될 수 없다.

기계란 절단과 연결의 체계

기계라는 개념은 들뢰즈의 사상에서 매우 중요하다. 특히 정신분석가이자 마르크스주의자인 펠릭스 가타리 Félix Guattari, 1930~1992 와 함께 공동 작업을 시작한 이후의 들뢰즈 사상을 이해하기 위한 핵심 개념이라 할 수 있다. 들뢰즈의 저서들에서는 기계라는 단어가 일반 대명사 못지않게 빈번하게 사용된다. 그러나 유감스럽게도 들뢰즈는 어느 곳에서도 기계에 대해 명확한 정의를 내리고 있지 않다. 가타리와 함께 저술한 『안티 오이디푸스 L'Anti-Œdipe』(1972)에는 기계란 "절단들의 체계 systéme de coupures"라는 구절이 발견되는데, 물론 이는 기계에 대한 완전한 정의는 아니지만 들뢰즈가 사용하는 기계의 개념에 대한 단서를 제공한다.

우선 여기서 말하는 '절단 coupure'이란 무엇인지 살펴보자. 절단이라는 말은 우리가 알고 있는 일상적인 의미 그대로 '자른다'는 뜻으로 이해할 수 있다. 들뢰즈가 들고 있는 예를 그대로 따라보겠다. 항문은 대변의 흐름을 자른다. 음경은 소변이나 정액의 흐름을 자른다. 입은 침의 흐름을 자른다. 여기서 절단이란 당연히 자른다는 말과 상통한다. 하지만 자른다는 것을 들뢰즈가 말하는 기계의 가장 기본적인 특징으로 보아서는 안 된다. 만약 물리적인 절단만을 의미할 경우 거꾸로 두 금속물을 이어주는 용접기나 본드와 같은 것들은 기계라고 하기 어려울 것이기 때문이다. 따라서 들뢰즈가 말하는 절단의 의미는 다소 은유적인 표현으로 이해하는 것이 훨씬 생산적이다. 이상한 말처럼 들리겠지만, 절단은 '연결'을 함축한다. 가령, 우리 몸의 배설물을 배출할 수 있는 신체 기관인 항문이 없다고 생각해보자. 그렇다면 우리 몸에 배설물이 생기지도 않을 것이며, 생길 수도 없을 것이다. 만약 배설물이 생성됨에도 불구하고 배출할 수 있는 신체 기관이 없다면 아담은 이미 변비 때문에 죽었을 것이며 당연히 지금의 인류는 존재하지도 않았을 것이다. 따라서 몸속의 배설물들을 적절하게 끊어서 밖으로 보낼 수 있는 기관이 없다면 대변의 흐름은 존재하지도 않을 것이다. 여기서 단절과 흐름은 다른 과정이 아닌 하나의 통합적인 과정이다.

들뢰즈가 단절과 연결에서 주목

:: 가타리

프랑스의 철학자이자 정신의학자. 오이디푸스 콤플렉스에 의존하는 기존 정신분석학의 한계를 깨닫고 사회적 차원에서 욕망을 바라보는 '분열증 분석(schizoanalysis)' 방법을 제시했으며, 인간 중심주의를 넘어 기계, 동물, 인간의 포괄직인 생명·생태를 사유하는 '생태철학(ecosophy)'을 창시한 사상가로 평가받는다. 들뢰즈와의 공저 외에, 『기계적 무의식(L'inconscient machinique)』(1979), 『분자혁명(La révolution moléculaire)』(1977) 등의 저서가 있다.

하는 것은 바로 이러한 절단과 연결이 기관^{organ}을 만든다는 사실이다. 이는 대변의 흐름과 절단이 있을 때만 항문이라는 기관이 존재할 수 있는 것과 마찬가지 이치다. 들뢰즈가 보기에 항문은 하나의 기관이며 이는 곧 기계다. 이렇게 보면 세상 모든 것이 기계로 간주될 수 있다. 피아노는 손가락의 운동 에너지를 단절시켜 인간의 귀가 지각할 수 있는 소리의 파동으로 연결시키는 하나의 기관, 즉 악기라는 기계다. 대한민국은 하나의 박영욱이라는 개인의 흐름을 절단하여 거대한 집단 속의 보편적인 개인, 즉 대한민국 국민이라는 보편적인 개인으로 연결하는 기계다. 들뢰즈에게 기계란 바로 이렇게 단절과 연결을 동시에 수행하는 하나의 기제를 의미한다.

그런데 흥미로운 사실은 기계를 '절단'과 관련짓는 것은 정신분석학자인 자크 라캉$^{Jacques\ Lacan,\ 1901~1981}$에게서 선구적으로 나타난다는 것이다. 잘 알다시피 『안티 오이디푸스』라는 저작은 책의 제목만 보아도 오이디푸스 콤플렉스에 바탕을 둔 정신분석학을 비판하고 있음을 짐작할 수 있다. 들뢰즈는 지그문트 프로이트$^{Sigmund\ Freud,\ 1856~1939}$나 라캉의 정신분석학이 철저하게 오이디푸스라는 가부장제 가족관계에 바탕을 두고 있다는 점에서 오히려 자본주의 가부장제를 벗어나지 못한 이론이라고 비난한다. 들뢰즈와 가타리가 『안티 오이디푸스』를 발표한 뒤 8년 만에 내놓은 『천 개의 고원$^{Mille\ Plateaux}$』(1980)의 첫 장 '늑대는 한 마리인가, 여러 마리인가?'에서는 프로이트의 환원론적 태도를 맹비난한다. 그럼에도 들뢰즈의 기계 개념은 라캉, 좀 더 거슬러 올라가면 프로이트의 정신분석학과 공명^{共鳴}과 관계있다는 사실이 나타난다.

들뢰즈의 기계 개념이 정신분석학과 관련이 있는 이유는 그것이 무의식의 욕망과 연결된다는 사실 때문이다. 정신분석학에서 무의식적 욕망은 기계적인 것으로 비유된다. 예를 들면 정신질환의 일종인 히스테리 환자의 경우 일정한 행복을 기계적으로 반복한다. 이렇게 기계적으로 반복적인 행동을 하는 환자를 일컬어 '자동인형Automat'이라는 표현을 곧잘 쓴다. 자동인형은 태엽을 감거나 전원 스위치를 켜면 일정한 동작을 반복하면서 정해진 몇 마디만 반복적으로 뱉어내는 사람 모양의 인형이다. 히스테리 환자들도 이러한 행동을 한다.

프로이트는 이렇게 기계적으로 똑같은 행위를 반복하는 원인을 인간의 무의식적 욕망에서 찾는다. 히스테리 환자들이 자동인형처럼 같은 행동을 반복하는 것은 그들의 의지와 상관없이 그들을 배후에서 조종하는 무의식적 욕망 때문이다. 히스테리 환자들은 자신이 마음속에 간직하고 있는 간절한 욕망, 하지만 결코 사회적으로 승인될 수 없는 욕망을 가지고 있다. 그런데 정상인의 경우에는 이러한 무의식적 욕망이 사회적으로 승인될 수 있는 형태로 승화된다. 가령 높은 자리에 오르고자 하는 욕망은 그 수단과 과정이 적절하기만 하면 비난의 대상이 되지 않는다. 이처럼 정상인들이 자신의 무의식적 욕망을 드러내는, 사회적으로 승인되는 형태를 '상징symbol'이라고 한다.

반면 히스테리 환자들은 자신의 무의식적 욕망을 상징적인 질서로 통제할 능력이 없다. 따라서 이들의 욕망은 사회적으로 승인될 수 없는 형태로 나타나며, 매우 단편적이고 즉물적인 형태를 띤다. 라캉은 이렇게 사회적으로 승인받기 힘든 단편적이고 즉물적인 욕망을 '충동compulsion'이라고 불렀다. 충동은 욕망과 달리 통제되기 힘들며, 사회적 승인을 받기 이전인 유아기에 지녔던 신체에 대한 욕망들, 즉 입술, 항문 혹은 침이나 대변에 대한 성적인 충동과 같은 단편적인 충동으로 나타난다.

라캉의 경우에 'compulsion'이라는 단어는 충동으로 번역되기도 하지만 '강박'으로 번역되기도 하는데, 이 경우에는 반복강박compulsion de la répétition이라는 말로 대체되어 사용되기도 한다.

∷ 히스테리 환자들은 일정한 동작을 반복하며 정해진 말을 되풀이하는 자동인형처럼 행동한다. 프로이트는 이런 현상의 원인을 인간의 무의식적 욕망 때문이라고 진단한다.

이때 충동 혹은 반복 강박은 해소되자마자 말 그대로 다시 반복되는 것이다. 이미 설명했듯이 이러한 충동은 의식의 통제를 받을 수 없다. 그렇기 때문에 이 환자들에게 무의식과 의식의 세계는 전혀 화합하지 못하고 서로 단절된 층위로 어긋나 존재한다. 라캉에게 '절단'의 개념은 바로 이렇게 무의식과 의식의 어긋난 층위를 일컫는다. 이러한 어긋남이 강박적으로 반복 행동을 하는 기계를 만든다.

무의식과 의식의 절단에 의해 기계가 형성된다면, 이러한 절단은 기계와 관련해 또 다른 비유로 해석될 수 있다. 히스테리 환자를 포함하여 우리 모두는 자신의 행동이 스스로의 의지에서 비롯된다고 생각하지만, 정작 우리 행동의 더 많은 부분은 무의식에 지배당하고 있다. 정신분석학적으로 인간이 기계라는 주장은 곧 인간의 층위가 의식과 무의식으로 나뉘어 있으며, 의식의 층위는 사실상 많은 부분이 무의식에 지배당하고 무의식에 의해 결정되어 있다는 것이다.

이는 우리가 사용하는 일상적인 기계에 대해서도 똑같이 적용된다. 기계가 발달하면 할수록 표면적인 것과 심층적인 것의 분리가 발생한다. 산업혁명 초기의 기계들은 그 작동 원리가 거의 그대로 노출되어 있었다. 그래서 기계를 제작하는 사람들이나 그것을 활용하는 사람들 모두가 기계의 심층적 기제에 대해 거의 알고 있었다. 그러나 오늘날의 기계는 표면적인 작동의 층위와 심층적인 구조적·공학적 층위가 단절되어 있다. 가령 자동차 운전자들은 차에 올라타서 열쇠를 꽂은 뒤 시동을 걸고 기어를 조작하고 가속 페달을 밟는 것 등은 다 알지만, 자동차의 심층적인 구조에 대해서는 거의 무지하다. 기계의 심층과 표면의 분리를 인간의 무의식과 의식의 분리와 곧바로 연결하는 것은 부자연스러운 측면도 있지만 유비적으로는 어느 정도 상통하는 측면도 있다.

들뢰즈의 경우, 기계를 절단과 관련짓는 것은 정신분석학과 관련이 깊다. 정신분석학에서 드러나지 않는 무의식의 욕망이 반복적인 체계를 생산하듯이, 들뢰즈에게 모든 기관이나 기계는 눈에 드러나지 않는 어떤 체계를 전제한다.

기계는 우연적인 배치물일 뿐이다

들뢰즈의 기계라는 개념이 무의식적 욕망, 더 정확하게는 무의식적 충동에 기대고 있긴 하지만, 중요한 것은 기계가 반복적인 체계성을 지닌다고 해서 확고부동한 체계로 이해해서는 안 된다는 점이다. 여기서 들뢰즈의 '기계론적'이라는 말과 '기계적'이라는 말의 구별을 다시 떠올릴 필요가 있다. 기계론적이라는 것은 엄격하게 정해진 틀이 한 치의 오차도 없이 동일하게 반복되는 것을 의미한다. 하지만 들뢰즈의 기계는 이러한 동일성의 반복을 의미하지 않는다. 기계는 체계성을 지니지만 그 체계성은 개별적인 사태들이 동일하게 반복되는 획일적인 체계성이 결코 아니다. 오히려 체계성과 반복은 그 자체가 일탈과 변이 혹은 차이를 지닌다. 이에 대해서는 이미 들뢰즈 철학에서 차이의 논리가 무엇인지를 논하면서 충분히 설명했다.

앞서 보았듯이, 들뢰즈의 철학에 따르면 이 세상에 존재하는 어떠한 것도 하나의 단일한 체계로 규정될 수 없는 '다양체'다. 하지만 다양체로서의 존재는 어떤 다른 것과 관계를 맺지 않으면 체계성을 지닐 수 없다. 앞서 예를 들었던, 피아노 건반 위의 도 음을 보자. 도 음 자체는 무수히 많은 음(배음)을 지니고 있는 다양체다. 그러나 도 음 자체만으로는 아무런 체계도 지니지 않는다. 정수비의 간격을 지닌 레 혹은 시와 관계를 맺을 때 도는 하나의 체계를 지닌 음이 된다.

이는 절단의 체계에서 절단을 연결과 하나의 통합된 과정으로 이해해야 한다는 사실을 떠올리면 좀 더 쉽게 이해할 수 있다. 어떤 존재가 기계라는 것은 이미 다른 기계를 전제하는 것이다. 가령 어린아이가 엄마의 젖을 빤다고 생각해보자. 이때 아이의 입은 젖을 빠는 기계라고 할 수 있을 것이다. 물론 아이의 입이 젖을 빠는 기계가 되기 위해서는 아이가 입을 통해 외부의 공기나 물질을 흡입할 수 있는 능력을 지녀야 할 것이다. 아이의 입이 젖을 빠는 기계가 된다는 것은 바로 이러한 기능과 체계를 지니게 되었음을 의미한다. 그런데 여기서 아이의 입은 당연히 엄마의 젖꼭지라는 또 다른 기계와 연결되어야 한다. 젖이 나오지 않는 아빠의 젖꼭지를 물고 있다면 그 아이의 입은 결코 젖을 빠는 기계가 아니다. 마찬가지로 우리의 손은 그 자체로는 아무런 기계도 아니다. 가령 아무것도 하지 않는 어린아이의 손은 아직 기계가 아니다. 외부의 사물과 만나서 그것을 쥐기 위해 손아귀에 힘을 주고 그 사물을 집어 들기를 반복하여 그 활동에 성공해야 손은 '쥐는 기계'가 되는 것이다. 매우 평범한 말이기도 하지만, 기계는 항상 다른 기계와 결합이 될 경우에만 기계가 된다. 들뢰즈는 이렇게 기계가 다른 기계와 결합됨으로써 기계를 발생시키는 관계를 '통접統接, connexion'이라고 부른다. 통접이란 어린아이의 입과 엄마의 젖꼭지가 만나 젖의 흐름과 단절(엄마의 몸에서 끊어져 나옴)이라는 체계를 이루듯이, 하나의 기계가 다른 기계에 접속되는 것을 의미한다.

 이렇게 하나의 기계가 다른 기계와 관계를 맺어야 한다는 것 자체는 그다지 새로운 주장이 아닌 듯하다. 들뢰즈의 기계 개념이 독창적인 것은 이러한 통접적인 연결의 관계가 그 반대의 측면인 단절적인 관계를 포함하고 있다는 사실이다. 위의 예를 다시 살펴보자. 어린아이가 엄마의 젖을 빨게 될 때 아이의 입이 엄마의 젖꼭지에 연결되어 있는 것은 단지 젖을 채취하기 위해서만이 아니다. 아이는 엄마의 젖을 빨면서 동시에 엄마에 대한 사랑을 확인한다. 말하자면 아이 자신도 모르게 일종의 성애를 느끼는 것이다. 이 경우 입은 젖을 빠는 기계가 아닌 일종의 성기계sexual machine인 셈이다. 이는 어린아이가 손에 쥘 수 있는 모든 물건을 입에 가져다 대고 빨려고 하는 데서도 쉽게 확인할 수 있다. 이러한 행위는 아이가 배가 고파 취하는 행위도 아니며 심심해서 하는 행위도 아닌 엄마에 대한 성애의 간접적인 표현이다. 엄마에게서 충분히 사랑을 받는다고 확인하지 못한 아이는 빠는 행위에 과도하게 집착하는 경향이 있다.

 말하자면 아이의 입은 젖을 빠는 기계이기도 하지만 동시에 성기이기도 하다. 하지만 젖을 빠는 기계가 원활한 기능을 발휘하기 위해서는 입은 젖을 빠는 기능 외의 다른 기능을 억제할 필요가 있다. 입이 젖을 빨아서 영양을 충분히 공급받는 데 집중하지 않고 성애에 집중할 경우 젖을 효율적으로 빨아들일 수 없기 때문이다. 심지어 입은 비눗방울을 불 때처럼 공기를 뿜어낼 수도 있다. 하지만 이러한 입의 기능들은 모두 입이 젖을 채취하는 기계로 체계화되는 데 방해가 될 수도 있다. 따라서 입이 젖을 원활하게 빠는 기계가 되기 위해서는 입의 수많은 기능들을 제약하거나 배제해야 한다. 젖을 채취하는 기계로서의 입-기계는 입의 다른 기계들(성기계, 뿜어내는 입-기계)과의 분리를 통해 형성된다. 기계가 통접과 동시에 발생하는 이러한 분리의 관계를 들뢰즈는 '이접離接, disjonction'이라고 부른다.

기계가 어떤 흐름을 절단한다는 것은 곧 단절이 아니라 연결된 흐름을 만들어내는 것이듯, 기계가 통접에 의해 이루어진다는 것은 곧 이접을 전제한 것이기도 하다. 이런 점에서 기계는 통접과 이접을 동시에 포함하고 있다. 들뢰즈는 이렇게 통접적이면서도 동시에 이접적인 관계를 '연접連接, conjonction'이라고 부른다. 연접이란 통접과 이접을 모두 포함한 것이므로 결국 기계란 연접적인 관계에 의해 이루어진 체계라고 할 수 있을 것이다.

연접으로서의 기계에 관해서는 다시 예를 들어 설명해보자. 어린아이의 입은 젖을 채취하는 입-기계다. 입은 엄마의 젖꼭지와 통접함으로써 하나의 통합적인 체계를 형성하며 입-기계가 된다. 이때 젖을 빠는 기계로서의 입-기계는 내뿜거나 말을 하는 행위 혹은 성적인 충족을 느끼는 것을 배제함으로써 성립한다. 그렇지만 이렇게 배제된 것들은 결코 입-기계로부터 배제된 것이 아니다. 젖을 채취하는 아이의 입-기계는 그 행위 속에 공기를 내뿜는 것, 말을 할 수 있는 발성 기관의 사용, 성적인 충동 등 여타의 모든 것들이 마치 무의식처럼 억압될 뿐이지 완전히 배제된 것은 아니다. 정신분석학에 따르면 인간의 무의식은 의식을 통해 억압되지만 완전히 배제되는 것이 아니라 심층적인 장소에 보관되어 있다. 오히려 무의식적 욕망을 완전히 배제하려 할 경우 편집증이나 정신분열증과 같은 정신병이 발생한다. 말하자면 무의식은 의식의 수면에 떠오르지는 않지만 항상 의식이 완전히 통제할 수 없는 '잉여'의 부분으로서 의식의 밑바닥에 자리 잡고 있다. 이것이 들뢰즈의 기계에서도 똑같이 적용된다. 통접을 통해 배제된 것들은 완전히 배제되지 않고 잉여의 부분으로 내재되어 있다. 가령 아이는 젖을 채취하기 위해 엄마의 젖을 빨지만, 엄마에 대한 성애의 감정이 자신도 모르게 스며든다. 이는 분명히 젖을 채취하는 입-기계에 대해서는 불필요한 것, 배제되어야 할 것, 즉 잉여의 부분이다. 하지만 이러한 잉여는 통접이 이접을 전제하는 한 반드시 발생할 수밖에 없다. 그리고 무의식이 어느 순간 자신도 모르게 의식에 반기를 들듯이, 이러한 잉여는 언제든 기계의 통접적인 체계를 위협한다. 따라서 기계가 연접의 체계라는 것은 확고한 체계로서 어떠한 일탈이나 오차도 허용하지 않는 일사불란한 체계라는 근대적인 기계론과는 다르다. 들뢰즈가 이렇게 확고하고도 일사불란한 체계를 기계적인 것이 아닌 '기계론적'이라고 부른 것은 바로 이런 이유에서다.

 따라서 이 세상의 모든 존재를 기계라고 한다면, 세상의 모든 존재는 기계로서 통합과 일탈을 동시에 지닌 다양체다. 들뢰즈의 기계 개념이 앞서 설명했던 다양체의 개념과 일맥상통한다는 사실을 여기서도 분명하게 확인할 수 있다. 세상에 존재하는 모든 것은 다양체이며 개념이 아닌 이념이 다양체의 체계를 설명할 수 있었던 것처럼, 기계론적인 것이 아닌 기계적인 것이 세상의 모든 존재를 설명할 수 있다. 기계론적인 설명은 다양체로서의 존재에 이념이 아닌 개념을 적용하는 것이다. 들뢰즈는 이렇게 기계론적이고 개념적인 체계를 '수목樹木적인 것'이라고 부르고, 기계적이고 이념적인 체계를 '리좀rhizome적인 것'이라고 부른다.

'수목적인 것'과 '리좀적인 것'

우선, '수목'과 '리좀'의 개념부터 말해보자. '수목'은 우리가 일상적으로 말하는 '나무'다. 그런데 일반적으로 우리가 수목 혹은 나무라고 부르는 것들은 줄기의 형태가 땅위줄기인 식물들이다. 즉 줄기가 대체로 위로 곧게 자라고 시간이 지나면서 굵어져 우리가 나무라고 부르는 이미지에 가장 적합한 모습이 된다. 그런데 우리는 생강 같은 식물들은 나무라고 부르지 않는다(흔히 생강나무라고 부르는 나무는 실제 생강과는 관계가 없다). 생강은 줄기가 땅속에 있는 땅속줄기 식물이자 더 세분화하면 뿌리줄기 식물이다. '리좀'은 이렇게 땅속으로 자라는 식물의 뿌리줄기를 말하는 것으로, 보통 그 줄기에서 또 다른 줄기와 뿌리가 무수히 뻗어 나온다. 수목과 리좀의 대비되는 특성을 살펴보면 들뢰즈가 수목적인 체계와 리좀적인 체계로 구분하는 취지를 이해할 수 있다. 수목은 뿌리에서 줄기로, 줄기에서 가지로 이어지는 구조다. 수많은 가지와 열매를 거슬러 올라가면 그 중심에 뿌리라는 '유일자'가 있다. 즉 수목은 수직적이며 위계적인 구조를 상징하며 통일성과 동질성을 특성으로 한다. 반면, 땅속에서 수없는 줄기와 뿌리가 무한 증식하는 땅속줄기 식물들을 보자. 리좀은 수평적이고 탈중심적이며, 무한한 생산성과 다양성, 개방성이 특징이다.

> 리좀은 출발점이나 끝이 아니다. 리좀은 언제나 중간에 있으며 사물들 사이에 있는 사이[間] 존재이자 간주곡이다. 수목은 혈통의 관계이지만 리좀은 결연의 관계이며 오직 결연관계일 뿐이다.
> 「천 개의 고원」

체계 혹은 기계를 이루기 위해서는 절단이 중요하다는 사실을 앞에서 설명했다. 수목적인 체계를 이루는 절단의 선은 일탈을 허용하지 않는 엄격한 선인 반면에, 리좀적인 체계를 이루는 절단의 선은 일탈을 허용할 뿐만 아니라 잠재적인 선이다. 남자와 여자, 호남과 영남, 자본주의와 사회주의, 어른과 아이 등의 이분법적 구분과 같이 어떠한 경우에도 절단을 피할 수는 없다. 가령 사람은 누구나 태어나면서부터 남자 아니면 여자로 구분되며, 인생의 특정한 시기에 아이 또는 어른으로 구별되며, 때로는 보수 또는 진보로 구분이 된다. 이처럼 절단의 선이 개입하여 남자 기계 대 여자 기계, 자본주의 기계 대 사회주의 기계, 어른 기계 대 아이 기계 등으로 구분되는 것은 어느 정도 불가피하다.

하지만 이때 중요한 것은 이러한 절단의 선이 경직된 선인가,

아니면 유연한 선인가를 구별해야 한다는 것이다. 가령 자본주의 사회에서 부르주아지^{bourgeoisie}와 프롤레타리아트^{Proletariat}라는 계급 구분으로 사회적 구성원을 양분하는 것은 경직된 절단 중의 하나일 것이다. 경직된 선으로 나눴을 때 부르주아지에 속하는 사람들이 현실적으로 단지 부르주아지일 수만은 없을 것이다. 정치적으로는 진보적일 수도 있으며, 삶의 자세에서는 어떤 프롤레타리아트보다도 더 프롤레타리아적일 수 있다. 또한 그는 동성애적 성향을 가질 수도 있고 다른 부르주아지들에 대해 공격적인 성향을 지닐 수도 있다. 사회 구성원을 부르주아지와 프롤레타리아트로 양분하는 절단은 경직된 선에 의한 경직된 절단이다.

남자와 여자의 구분도 마찬가지다. 이 세상의 어떤 남자든, 혹은 여자든 남자 일반의 특성만을 지니거나 여자 일반의 특성만을 지닐 수는 없다. 나 역시 경직된 선에 의해 남자로 절단되지만, 내 속에 남자 일반의 속성만 존재하는 것은 아니다. 이것은 격투기의 황제 표도르$^{Fyodor\ Emel'yanenko}$도 예외는 아니다. 들뢰즈가 보기에 남자와 여자라는 엄격하고 경직된 이분법적 절단은 상당히 폭력적일 수도 있다. 다양체로서 존재의 무한한 잠재성을 억압하기 때문이다. 들뢰즈는 바로 이러한 강제적이고 경직된 구분의 체계를 '수목'의 체계라고 말하는 것이다.

이에 반해 유연한 절단의 체계란 남자이면서 동시에 여자일 수 있는 틈 혹은 일탈^{fluité}(탈주)의 선을 포함하는 연접의 체계를 말한다. 가령 전라도와 경상도를 경직되게 절단하면 민주당은 전라도당이 되며 한나라당은 경상도당이 될 것이다. 하지만 전라도와 경상도를 그저 지리적인 지역의 차이로 보자면 이러한 등식은 성립하지 않을 것이다. 호남인이면서 정치적으로 보수적일 수도 있으며, 반대로 영남인이면서 진보적일 수도 있다. 이렇게 서로 얽힌 유연한 선의 절단 체계를 들뢰즈는 수목의 체계가 아닌 '리좀'의 체계라고 말하는 것이다.

『천 개의 고원』에서 밝힌 '수목'과 '리좀'의 구분은 들뢰즈와 가타리의 초기 저서인 『안티 오이디푸스』에서 논한 '몰^{mole}'과 '분자^{molecule}'의 구분을 더욱 정교화한 것이다. 알다시피, 분자는 물질의 성질을 가지고 있는 최소 단위를 말한다. 몰은 이러한 분자들이 모여 집적되고 구조화된 것이다. 즉 몰은 동질의 입자들이 유기적으로 결합되어 있어 체계적이고 질서화된 상태라면, 분자는 이러한 결합 구조에서 벗어나 있는 개별적이고 파편화된 상태를 말한다. 여기서 몰은 수목적인 것으로, 분자는 리좀적인 것으로 해석할 수 있다.

들뢰즈와 가타리의 『천 개의 고원』

들뢰즈와 가타리의 대표 저서로 꼽히는 『천 개의 고원』은 『안티 오이디푸스』의 후속작이다. 두 책 모두 '자본주의와 정신분열증'이라는 부제를 달고 있다. 『안티 오이디푸스』는 모든 욕망의 본질을 성욕으로 제한하려는 정신분석학을 비판하고 기계로서의 욕망과 절단의 체계를 설명하여 '비판'에 초점을 맞추고 있다면, 『천 개의 고원』은 전작의 주요 논제들을 한층 더 정교화하는 동시에, 다양체, 리좀적 체계, 계열화와 탈영토화, 재영토화 등 '배치'의 문제를 긍정적이고 생산적인 방향으로 '종합'하고 있다. 두 저자는 『천 개의 고원』이 하나의 책이 아니라 '고원들로 이루어진 다양체'라고 주장한다. 장으로 나뉜 구조와 기승전결의 전개로 이루어진 일반적인 책과는 달리, 독자는 매번 새로운 개념들이 제시되는 수많은 고원들을 오르면서 그 사이사이에서 강렬함을 경험하도록 돼 있다.

들뢰즈와 가타리는 이러한 구분을 파시즘과 전체주의는 구분에도 적용한다. 알다시피 파시즘은 전체주의의 원형으로 간주된다. 하지만 들뢰즈와 가타리에게는 파시즘과 전체주의는 외형상으로만 비슷할 뿐 완전히 이질적인 것이다. 결론적으로 말하면, 파시즘은 리좀적인 데 반해 전체주의는 수목적이다. 이는 '군중'과 '계급'의 구분과 비슷하다. 계급은 단일한 집단을 지칭하는 엄격한 선에 의해 절단된 개념이라면, 군중이란 이질적이고 모호한 개인들이 얽힌 덩어리일 뿐이다. 군중이란 분명히 하나의 덩어리이지만 분자적인 운동의 체계를 가진다. 말하자면 군중은 진보적이면서도 프티부르주아지$^{petite\ bourgeoisie}$ 가정 출신이며 동시에 철저히 동성애에 반대할 수도 있는 이질적인 인간이 모인 분자들의 덩어리다. 이에 반해 계급은 총체적이고 몰적이며 수목적인 체계에 의한 집단이라고 할 수 있다.

파시즘은 전체주의의 양상을 띠지만 전체주의와는 다르다. 대부분의 전체주의는 지배 계급의 피지배 계급에 대한 엄격한 통제로 나타난다. 또한 사회적 힘은 하나의 일사불란한 체계로 형성된다. 가령 과거의 군주제는 마치 편집증 환자의 신경 구조처럼 모든 사회적 실천이 절대군주의 권력으로 소급된다. 스탈린$^{Iosif\ Stalin,\ 1879~1953}$ 시대의 소련 사회도 이러한 전체주의의 사회이며, 유신정권하의 우리나라 또한 이러한 전체주의 사회에 속한다. 이에 반해 파시즘을 이루는 것은 계급이 아닌 군중이다. 파시즘은 다양한 계급이 서로 충돌하면서도 얽혀 있으며, 애국심과 민족주의 혹은 인종주의라는 약한 명분으로 자신들의 이해관계를 일시적으로 봉합하고 있을 뿐이다. 파시즘의 대표적인 사례인 나치즘을 보면 더욱 명확하다. 나치즘은 히틀러[Adolf Hitler, 1889~1945]의 독재로 나타났지만, 그 독재는 히틀러가 애초에 군사력을 장악해 만들어진 것이 아니다. 그 당시 복합적인 독일의 양상, 즉 분자적인 운동에 의해서 만들어진 것이다. 전체주의는 분자들이 안정된 구조를 갖춰 이미 불활성의 상태에 들어간 안정된 체계라면, 파시즘은 무수한 분자들이 일시적으로 봉합되어 폭발의 잠재성을 갖고 있는 불안정한 체계로, 오히려 전쟁 기계에 가깝다는 것이 들뢰즈와 가타리의 해석이다. 결국 전체주의가 수목의 체계(기계론적인 체계)라면 파시즘은 리좀의 체계(기계적인 체계)인 것이다.

하지만 들뢰즈가 파시즘과 전체주의를 이렇게 구분한 것은 물론 파시즘을 정치적으로 옹호하기 위한 것이 결코 아님을 명심해둘 필요가 있다. 들뢰즈가 강조하고 싶은 것은 존재란 엄격한 체계가 아닌 통합과 이접을 모두 포함한 연접의 체계라는 사실이다.

이러한 연접의 관계는 들뢰즈의 기계 개념뿐만 아니라 들뢰즈 철학 전체를 관통하는 중요한 아이디어다. 연접이라는 말은 들뢰즈가 초기에 빈번하게 사용했던 '공명[résonnance]'이라는 개념과도 맞닿아 있다. 중국 삼국시대의 적벽대전[赤壁大戰](208)을 다룬 우위썬[吳宇森, 1946~] 감독의 영화 「적벽대전 : 거대한 전쟁의 시작[赤壁(上)]」(2008)을 보면, 주유[周瑜]에게 동맹에 참여할 것을 설득하기 위해 방문한 제갈량[諸葛亮]이 주유와 금[琴]을 연주하는 장면이 나온다. 제갈량이 신들린 듯한 연주를 하자 주유는 이에 대한 화답으로 연주를 하며, 이윽고 두 사람은 합주를 한다. 제갈량과 주유 사이에는 아무 말도 없었지만 제갈량은 이미 주유의 승낙을 받았음을 확신한다. 두 사람의 연주에 어떤 공명이 있었기 때문이다.

공명이란 말 그대로 두 소리의 어울림이다. 그런데 공명의 관계란 어떤 필연적인 관계를 말하는 것이 아니다. 가령 어떤 멜로디에는 반드시 하나의 반주만이 가능한 것이 아니다. 같은 멜로디라 하더라도 편곡자에 따라 무수히 많은 형태의 반주가 가능하다. 그 이유는 하나의 멜로디가 다양한 소리와 공명의 관계에 있기 때문이다. 말하자면 어떤 것이 서로 공명의 관계에 있다는 것은 결코 다른 것을 완전히 배제하고 그 둘의 관계만을 고집하는 그런 필연적인 관계를 의미하는 것이 아니다. 들뢰즈가 공명을 강조한 것은 마치 하나의 멜로디에 무수히 많은 화음 혹은 반주가 가능하듯이, 세상의 모든 존재는 무수한 잠재성을 지니며 그 잠재성을 실현할 수 있는 새로운 유연한 체계를 형성하기 위한 것이다.

# 만남 6

제한경제를 넘어선 차연의 경제학

죽음은 삶에 대한 절대적 부정

독일의 실존철학자 마르틴 하이데거^{Martin Heidegger, 1889~1976}는 죽음은 우리가 살아 있는 동안에도 항상 경험하는 것이라고 한다. 이런 견해는 사람들이 죽음이란 살아 있는 동안에는 결코 발생하지 않는 사건이며, 삶의 절대적 부정이라고 생각하는 것과 완전히 대립된다. 물론 하이데거가 사람들이 살아 있는 동안 죽었다가 다시 살아난다는 부활을 말하는 것은 결코 아니다. 그는 사람들이 살면서 까닭 없이 느끼는 자기 존재에 대한 불안^{Angst}이야말로 살아 있는 동안에도 죽음을 경험하는 증거라고 보았다. 인간을 제외한 다른 동물이나 식물 같은 존재자는 자신이 죽는다는 사실을 미리 알지 못한다. 반면, 인간은 자신이 죽는다는 것을 안다. 죽음은 어느 누구도 피할 수 없으며 다른 누군가가 대신 죽어줄 수도 없는 필연적인 사건이다.

고대 로마의 스토아 철학자 에픽테토스^{Epiktētos, 50?~138?}는 인간은 살아 있는 동안에는 결코 죽지 않으므로 살면서 죽음을 걱정하는 것은 어리석은 일이라고 주장했다. 그러나 하이데거가 보기에 이러한 주장은 이치에 맞지 않는다. 인간은 자신이 죽는다는 사실을 알기 때문에 어느 순간 자신도 모르게 불안에 처하게 된다. 이러한 불안은 거짓말이 들통 날까 봐, 혹은 어두운 길을 갈 때 누군가가 나타날까 봐 느끼는 불안과는 다른 종류로, 원인을 알 수 없는 막연한 불안이다. 하이데거는 이러한 불안의 근원이 인간은 유한한 존재이고 언젠가는 죽을 수밖에 없다는 사실에서 유래한다고 본다.

■■ 하이데거의 『존재와 시간』

하이데거는 주저 『존재와 시간(Sein und Zeit)』(1927)에서 스스로를 인간으로 이해하고 있는 주체로서의 존재자를 일러 '현존재(Dasein)'라 했다. 그리고 현존재인 인간은 자유로운 실존으로서 이 세계 안에 존재하며, '사회'라고 하는 환경에 던져진 존재라는 점에서, 현존재의 근본적인 존재 방식을 '세계-내-존재(In-der-Welt-sein)'라고 했다. 그러나 세계 내의 다른 존재자들과 관계를 맺음으로써 존재 양식을 갖는 현존재는 도구적인 환경 속에서 자신만의 고유성을 잃어버리고 군중 속에 파묻혀 비본래적인 실존으로 살아가게 된다. 현존재는 자신이 있음을 의식하는 유일한 존재며, 그에 대한 대가로 자신의 죽음을 의식한다. 현존재인 인간은 세계 속에 던져져 죽을 때까지 그 속에서 살아가는 것이다. 이저럼 현손재는 시간 속에 손재하는 특별한 양태를 가진다. 그러나 보통의 존재자가 시간의 통제를 받는 것과 달리, 현존재는 시간에 참여하고 스스로 무엇이 될지 결정하며 자신의 시간을 처리한다. 하이데거는 인간은 언젠가 죽는다는 것을 알기에 존재의 공허함을 자각하고 고통을 느끼게 되지만 '나는 누구인가?' '나는 어디로 가고 있는가?' 등의 질문을 함으로써 현존재의 본래성(Eigentlichkeit)에 도달할 수 있다고 보았다.

그러나 하이데거의 철학은 인간이 이러한 불안으로부터 벗어날 수 없다고 주장하는 염세주의 철학이 결코 아니다. 오히려 그는 인간이 이러한 불안을 느낀다는 것이 인간을 성장시키고 인간답게 만드는 원동력이라고 보았다. 자신이 죽는다는 사실을 모르는 동물은 현재의 존재에 대해 불만을 갖거나 불안해하지 않으며 현재의 모습을 넘어서려 하지도 않는다. 반면, 인간은 스스로 유한한 존재임을 알기 때문에 자신의 유한성을 극복하기 위해 자신의 현재를 넘어서고자 한다는 것이다.

데리다에게 영향을 많이 끼친 프랑스의 철학자 조르주 바타유 Georges Bataille, 1897~1962*는 헤겔의 철학 역시 하이데거의 철학과 마찬가지로 죽음의 철학이라고 말한다. 헤겔의 변증법에서 핵심을 이루는 개념이 '부정die Negation'이며, 헤겔 철학에서 부정을 가장 분명하게 드러내고 있는 개념이 바로 죽음이기 때문이다. 죽음이 절대적인 부정인 이유는 너무나 명백하다. 죽음이란 삶의 정반대이자, 살아 있음이 완전히 제거된 상태를 의미하기 때문이다. 만약 어떤 사람이 조금이라도 살아 있는 낌새가 있다면 그 사람은 죽은 사람이 아닐 것이다. 삶이 완전히 제거된 상태만이 죽음의 상태로 간주된다. 물론 뇌사 상태를 죽음으로 간주할 것인가 아닌가에 대해서는 의견이 분분하다.

:: 바타유

프랑스의 사상가이자 작가. 철학, 사회학, 경제학, 예술, 문학, 비평 등 광범위한 영역의 저작을 남겼는데, 그 중심 테마는 크게 죽음과 에로티시즘, 인간의 지고함 등으로 압축될 수 있다. 헤겔, 프로이트, 코제브 등의 영향을 받았으며, 푸코와 데리다에 큰 영향을 끼쳤으나 정작 본인은 스스로를 철학자로 여기지 않으려는 경향이 강했다.

하지만 이때에도 여전히 기준은 뇌사를 사실상 삶의 가능성이 완전히 제거된 상태로 볼 것인가 아닌가에 대한 것이다.

바타유가 헤겔의 철학을 물고 늘어지는 것은 헤겔의 철학을 긍정하고 수용하기 위해서가 아니다. 오히려 목적은 정반대다. 그가 보기에 헤겔의 철학은 죽음의 철학에 바탕을 두고 있지만 사실상 죽음이 가진 절대적인 부정성을 거부하고 있다. 바타유의 목적은 헤겔이 제거한 죽음의 진정한 절대적 부정성을 회복시키는 데 있다. 헤겔의 철학은 하이데거와 마찬가지로 죽음을 절대적인 부정성으로 보기를 거부하고 삶을 추동하는 본질적인 동기로 위치 지음으로써 그것을 형이상학으로 격상시킨다.

헤겔의 철학을 하이데거 철학처럼 죽음의 철학으로 본 것은 원래 바타유의 독창적인 생각이 아니다. 바타유의 헤겔 해석은 프랑스에 헤겔 철학을 본격적으로 소개한 러시아 출신 철학자 알렉상드르 코제브$^{Alexandre\ Kojève,\ 1902~1968}$에게서 많은 영향을 받았다. 코제브는 하이데거의 죽음에 관한 이론을 토대로 헤겔의 철학을 해석했다. 말하자면 하이데거로부터 헤겔로 이어지는(역사적으로는 헤겔로부터 하이데거로 이어지는 것이 자연스럽겠지만) 사상의 계보는 코제브의 작품이다. 바타유는 코제브의 해석을 자연스럽게 전제하고 헤겔의 철학을 비판한다.

바타유의 사상을 이해하기 위해 헤겔의 죽음 개념에 대한 코제브의 해석을 잠시 살펴보자. 코제브는 헤겔의 철학에서 가장 핵심적인 개념을 죽음으로 보았다. 헤겔 철학에서 죽음의 개념이 가장 분명한 역할을 하는 것은 헤겔의 주저 『정신현상학$_{Phänomenologie\ des\ Geistes}$』(1807)에 나오는 '주인과 노예의 변증법'에서다. 『정신현상학』에서 제기되는 주인과 변증법의 의미를 온당하게 파악하려면 그 책의 앞부분에 나오는 내용들을 먼저 파악해야 하지만, 여기서는 앞의 내용을 생략하고 주인과 노예의 변증법에 대해서만 간략하게 설명하기로 한다.

헤겔은 인간의 의식이 단순히 대상에 대한 의식, 즉 대상의식 das Bewußtsein des Gegenstandes에 불과한 것은 아니라고 말한다. 대상의식이란 가령 앞에 있는 모니터를 보고 '이것은 모니터다'라고 파악할 수 있는 의식을 말한다. 이러한 대상의식은 헤겔이 보기에 아직까지 진정한 인간의 의식 수준에 이른 것이 아니다. 인간의 의식이란 다른 대상에 관한 의식이 아니라 다른 의식(즉 다른 사람)에 대한 의식이며, 다른 의식에 대한 의식은 마치 거울을 들여다보듯이 자신을 들여다보는 '자기의식Selbstbewußtsein'이다.

이 복잡한 말을 보다 쉽게 풀어보자. 고급 승용차 한 대가 눈앞에 있다고 치자. 내 눈앞에 있는 것은 단지 하나의 승용차이지만, 그 승용차는 내가 너무나 갖고 싶어하는 승용차다. 그런데 그 승용차가 갖고 싶은 이유를 곰곰이 살펴보면, 언뜻 그 차가 아주 훌륭해서 갖고 싶은 것 같지만, 단지 그 차 자체에 대한 마음보다는, 다른 사람들이 내 소유물로 인정해주기를 바라는 마음이 더 강하다. 다이아몬드 반지도 마찬가지다. 사람들은 다이아몬드 자체를 원하는 것이 아니라, 자신이 그런 비싸고 아름다운 다이아몬드를 소유하고 있다는 사실을 다른 이들에게 인정받고 싶은 것이다. 대상에 대한 의식은 항상 대상 자체가 아닌 타인에 의한 승인을 전제하는 것이다. 다이아몬드에 대한 의식은 다이아몬드라는 대상에 대한 의식이 아니라 다른 사람들에 대한 의식인 것이다.

그런데 다른 사람들에 대한 의식은 곧 자신에 대한 의식이기도 하다. 왜 그럴까? 다른 사람을 의식한다는 것은 다른 사람들이 나를 어떻게 볼 것인가에 대해 의식한다는 것을 의미하며, 이는 곧 다른 사람에게 비칠 내 자신의 모습을 의식하는 것이기 때문이다. 그러므로 인간의 의식은 본래부터 단지 대상의식에 머무는 것이 아니라 다른 의식(다른 사람)에 대한 의식이며, 이는 곧 내 자신에 대한 의식이다. 헤겔의 말에 따르자면 인간의 의식은 본래부터 자기의식이다.

이렇게 인간 존재가 자기의식을 지닌 존재가 되기 위해서는 반드시 다른 자기의식이 존재해야 한다. 그런데 흥미로운 사실은 인간의 자기의식이 원천적으로 다른 자기의식과 갈등의 관계에 있을 수밖에 없다는 것이다. 인간의 자기의식은 안정된 존재가 아니라 항상 불안정한 존재의 모습을 띠고 있다. 마치 전자가 하나 많거나 적어서 불안정한 상태에 있는 양이온 혹은 음이온과도 같다. 이 상태를 벗어나기 위해서는 전자를 하나 방출하거나 받아들여야 하므로 자신과 반대 극의 이온과 결합해야 한다. 그런데 인간들 간의 관계는 이와 다르다. 자기의식으로서의 인간은 다른 자기의식을 필요로 하지만 동시에 그를 철저하게 배척해야 한다. 왜냐하면 인간은 누구나 자신이 자유롭기를 원하기 때문이다. 인간은 다른 누군가를 필요로 한다는 점에서 그에게 종속될 수밖에 없지만, 동시에 그로부터 완전하게 벗어나기를 바라는 것, 이것이 본래부터 인간이 처한 역설적인 상황인 것이다. 헤겔이 보기에 인간의 자기의식은 바로 이와 같은 딜레마에 빠져 있다. 이러한 역설적인 상황을 보여주는 것이 바로 '주인과 노예의 변증법'이다.

자기의식이 다른 자기의식과의 갈등관계에서 빠져나올 수 있는 방법은 무엇일까? 음이온이나 양이온이 전자를 하나 얻든지 잃든지 해서 안정된 분자 상태가 되는 것처럼 하면 될까? 그러나 인간의 경우에는 그렇게 간단하지 않다. 자신을 포기하는 것도, 그렇다고 다른 사람을 자신에게 완전히 굴복시키는 것도 쉽지 않기 때문이다.

헤겔은 인간이 이러한 딜레마 상황에서 빠져나올 수 있는 극단적인 방법을 두 가지 가정한다. 다른 자기의식을 완전히 무시하든지, 아니면 자신을 무시하든지 하는 것이다. 다시 말하면, 자신이 다른 사람을 완전히 굴복시켜 그를 자신에게 맞추게 하거나 정반대로 자신을 완전히 포기하고 다른 사람에게 자신을 맞추는 것이다. 헤겔은 전자의 유형에 해당하는 인간을 주인이라고 부르며, 후자에 해당하는 인간을 노예라고 부른다. 물론 현실적으로는 이러한 상황이 거의 불가능하겠지만, 헤겔은 자기의식의 딜레마를 해결하려면 인간이 주인과 노예로 갈라져야 한다고 굳게 주장한다.

물론 처음부터 인간이 주인과 노예로 구분되는 것은 아니다. 자기의식이 처한 딜레마의 상황에서 빠져나오려는 과정에서 주인과 노예가 불가피하게 만들어지는 것이다. 인간은 누구든 주인이 되고 싶지 노예가 되려고 하지는 않을 것이다. 따라서 주인과 노예는 이미 갈등의 관계인데, 누가 주인이 되고 노예가 되는지는 어느 누가 더 주인이 되고자 하는 강력한 의지를 지니는가에 의해 결정된다. 헤겔에 따르면 자신이 내걸 수 있는 최고의 것마저도 포기할 수 있을 정도로 이른바 '깡다구'가 강한 사람이 주인이 된다. 이 최고의 것이란 바로 자신의 목숨일 터, 자신의 죽음까지도 불사하는 사람이 주인이 되는 것이다. 반면 죽음 앞에 공포를 느끼고 타협하는 인간은 노예가 된다. 주인이 자신의 죽음마저 불사한다는 것은 죽음을 절대 부정하는 것을 의미한다. 하지만 노예는 죽음에 대한 공포감 때문에 죽음도 불사하는 주인 앞에 고개를 숙이고 만다. 그리하여 주인과 노예의 싸움은 일단 주인의 승리로 끝난다.

하지만 주인과 노예의 변증법은 주인이 승리하는 바로 그 지점에서 시작된다. 노예는 생사를 건 주인과의 싸움에서 주인에게 패했지만, 오히려 죽음에 대한 공포심을 느낌으로써 자신은 아무것도 아니라는 사실, 즉 '무無, das Nichts'를 느낀다. 죽음에 대한 공포와 자신의 존재에 대한 허무의 자각은 하이데거 철학에서 말하는 죽음과도 같은 것이다. 노예는 주인과의 싸움에서 졌지만, 죽음을 자각함으로써 자신의 현존재를 넘어서고자 한다. 그리하여 노예는 주인보다 더 우월한 위치에 설 수 있게 된다. 이에 반해 주인은 자신의 죽음을 절대 부정했으므로 죽음에 대한 공포를 느낄 가능성을 상실했다. 그는 이제 자신이 하고 싶은 모든 것을 노예에게 명령하기만 하면 된다. 하지만 이렇게 노예에게 모든 것을 명령하기만 하면 된다는 점에서 주인은 노예 없이는 못 사는 존재가 되며 노예에 의존하는 존재가 된다.

약간 빗나간 예가 될 수 있지만, 가부장제 사회에서는 남자가 여자보다 훨씬 더 의존적이라는 역설이 나타난다. 일단 평소에는 남자가 여자에게 군림하는 듯 보인다. 그러나 늙어서 배우자가 먼저 사망할 경우, 여자의 태도는 독립적인 반면 남자의 태도는 매우 의존적이다. 헤겔의 주인과 노예에서 벌어지는 변증법적인 전도 현상을 암시적으로 보여주는 사례일 수 있다. 주인은 죽음을 절대적으로 부정함으로써 주인이 되었지만, 오히려 자신의 유한성을 자각하지 못하고 노예에 의존적인 삶을 산다. 이에 반해 노예는 주인에게 종속되어 노동을 해야 하지만 바로 그러한 이유에서 끊임없이 자신을 넘어설 수 있다.

바타유는 이것을 헤겔 철학의 정수로 보았다. 헤겔의 철학은 죽음을 비웃는 주인의 태도를 비난하며, 노예의 자각에서 진정한 삶의 모습을 찾는다. 노예는 죽음에 대한 두려움을 느끼고 그 대가로 노동을 해야 하지만, 노예의 무에 대한 자각과 노동을 통한 끊임없는 자기개발과 변화야말로 궁극적인 인간적 삶의 모습이라는 것이다. 바타유는 이러한 헤겔 철학을 '진지함'의 철학이며 '경제적인' 철학이라고 표현했다. 그러나 바타유가 헤겔 철학에 붙인 이 수식어들은 결코 긍정적인 의미가 아니다.

죽음과 무의미의 철학

바타유가 헤겔의 철학을 거부하는 이유는 헤겔 철학이 철저하게 금욕주의적이고 인생의 모든 무의미를 거부하려고 하기 때문이다. 바타유가 보기에 헤겔은 이 세상에는 우연적인 것은 일절 존재하지 않으며 무의미한 것은 쓸데없는 에너지의 방출이자 낭비라고 생각하는 철저한 금욕주의자이자 계획주의자다. 헤겔이 주인과 노예의 변증법에서 주인을 폄하하는 이유는 주인의 무계획적인 행위 때문이다. 노예와의 싸움에서 주인은 무모하게 자신의 생명을 건다. 이렇게 무모한 행위는 일시적으로는 주인의 지위에 오르게 만들지만 인간의 진정한 행위는 아니라는 것이다. 바타유는 이러한 헤겔의 태도가 노동만을 진정한 인간의 행위로 간주하고 진지한 결과를 가져오는 것만을 유의미한 행위로 보려는 것이라고 비난한다. 헤겔 철학에서 주인의 무모한 행위는 처음부터 거부되어야 할 행위인 셈이다. 주인의 행위가 의미가 있다면 상대방을 노예로 만들고 노동 활동을 하게 함으로써 인류의 역사를 창출하는 데 간접적으로 기여하는 측면에서뿐이다. 이렇게 보자면 헤겔의 철학에서 무의미한 낭비처럼 보이는 주인의 행위 역시 경제적인 행위가 된다. 즉 헤겔의 철학은 바로 어떠한 낭비도 인정하지 않는 경제적인 철학인 것이다. 긍정적인 결과물을 산출할 것으로 계산된 것에 한해서만 의미를 부여하는 계획된 경제의 철학이다. 바타유는 헤겔의 철학이 궁극적으로 체계나 의미에 포섭되지 않는 무의미한 찌꺼기를 무조건 거부하는 철저하게 경제적인 철학이라고 비난한다. 그의 이러한 비난에는 경제적인 것만이 바람직한 것은 아니며 비경제적인 것 혹은 무의미한 것이 인간의 삶을 더욱 풍요롭게 만들 수 있다는 생각이 깔려 있다.

사실, 인간의 삶은 헤겔의 철학적인 기대와는 달리 '무의미한 찌꺼기'들로 가득 차 있다. 쓸데없는 과시를 위해 구두를 번쩍거리게 닦는 것, 온갖 고명들로 떡국을 장식하는 것, 볼펜 끝을 아르누보$^{Art\ nouveau}$ 문양으로 장식하는 것, 3,000cc 이상의 배기량을 지닌 자동차를 타는 것 등 우리가 하는 거의 모든 일들은 무의미한 것이다. 이것들은 노동과는 아무런 관련이 없으며, 삶의 진지함에 어떠한 보탬도 되지 않는다. 하지만 이렇게 낭비로 이루어진 것이 바로 삶인 것이다.

 바타유가 보기에 헤겔의 철학은 이러한 사소한 것들을 진지한 행위로 바꾸고자 한다. 마치 무인도에 떨어진 로빈슨 크루소가 사소한 일까지도 일일이 계획을 세우고 그 결과를 예측해 행동하듯이, 헤겔은 체계적이고 자각적인 행위를 하는 것을 철학적인 행동으로 간주한다. 하지만 바타유는 이러한 경제적인 행동이야말로 그다지 경제적이지 않다고 생각한다. 모든 것을 철저하게 계산해 행동하는 것이 과연 유의미한 일이며 인간을 행복하게 만들까? 바타유는 진짜 경제적인 것이란 오히려 낭비하는 데 있다고 본다. 왜냐하면 인간 행동의 궁극적인 목표는 행복해지는 것이며 행복은 어떠한 방식으로든 자신의 에너지를 방출시키는 행위와 관련이 있기 때문이다. 신고전학파$^{neoclassical\ school}$ 경제학자들이 주장하는 것처럼 미래의 더 큰 행복, 즉 이자를 위해 현재의 소비를 참는 합리적 선택이야말로 행복의 근원이라는 소리는 애초에 낭비를 차단하는 금욕주의의 이데올로기에 불과하다. 반대로, 헤겔이 가장 소박하고 유치한 상태로 간주했던 바로 '지금 여기'에서부터 즐거움이 존재하는 것이다. 기존 경제학의 관점에서 보면 비경제적인 모델인 낭비가 바로 바타유식 경제의 모델인 것이다. 바타유는 이러한 비경제적인 모델의 경제학을 오히려 '일반경제학$^{l'économie\ générale}$'이라고 부른다. '일반적인' 경제학의 기준으로 보자면 바타유의 일반경제학은 비경제적인 행동으로 이루어져 있다. 그는 재벌 2세의 방탕한 생활, 마약, 환락, 조건 없는 증여, 자신의 신체 훼손 등과 같은 납득하기 어려운 무의미한 낭비 활동들을 일반경제학의 가장 근본적인 활동으로 간주한다.

바타유가 일반경제를 주장하고 무의미한 행동들을 긍정하는 것은 '위반transgression'의 행위와 관련이 있다. 위반이란 말 그대로 체계로부터의 일탈 행위를 말한다. 체계란 앞서 보았듯이 의미 체계를 전제하며 의미 체계의 안과 밖을 구분하는 프레임의 체계로 이루어져 있다. 프레임의 바깥에 있는 것은 위반이자 무의미다. 바타유의 일반경제는 그러한 프레임을 깨는 것이다. 말하자면 신고전학파 경제학이나 헤겔의 변증법은 모두 의미 체계라는 확고한 금욕주의의 프레임을 형성하고 있다. 조건 없는 증여나 낭비를 위한 낭비는 이러한 틀에서 보자면 프레임 외부의 것이자 위반의 행위이며, 프레임 밖으로 나왔기 때문에 당연히 무의미한 것이기도 하다.

바타유에 따르면 죽음이란 하이데거처럼 삶에서 가장 본질적이고 철학적으로 유의미한 사건도 아니며, 헤겔처럼 노동을 통해 간접적으로 승화하고 극복해야 할 어떤 심오한 것도 아니다. 죽음은 죽음일 뿐이고 삶에 대한 절대적 부정이며 어찌 보면 무의미다. 하지만 바로 그러한 이유에서 죽음은 철저한 위반이며 의미 체계의 프레임으로부터 완전히 벗어날 수 있는 가장 극적인 행위인 셈이다. 바타유는 죽음을 가장 무의미한 낭비로 본다. 그렇기 때문에 죽음은 일반경제학 최고의 행위다. 사실 죽음 자체는 변증법이니 체계니 의미니 하는 모든 것들을 궁극적으로 초월하고 있기 때문이다.

바타유의 입장에서 보자면 주인이 무모하게 자신의 목숨을 거는 일은 오히려 무모하기 때문에 일반경제의 입장에서 긍정적이다. 자신의 행동이 가져올 결과를 정확히 예측하고 예측에서 한 치의 오차도 벗어나지 않는 것을 성공적이고 의미 있는 일이라고 여기는 금욕주의 철학에서 보면 엉뚱한 일일 것이다. 헤겔의 진지한 철학적 입장에서 보자면 주인은 죽음을 아무것도 아닌 것으로 여기며 거부했다. 죽음에 대한 불안감을 극복했다는 것은 죽음을 전적으로 부정한 것이다. 이는 죽음을 삶 속으로 가져와 성장의 발판으로 삼지 못하고 죽음을 삶에 대한 완전한 절대적 부정으로 해석한 것이다. 이러한 절대적 부정은 헤겔의 철학에서 보자면 미숙한 사고의 산물이며 무의미한 것이다.

데리다는 헤겔 철학에 대한 바타유의 해석을 수용한다. 그는 주인과 노예의 변증법에서 주인이 자신의 생명을 거는 행위를 일종의 도박으로 해석한다. 주인이 노예와 대립할 때 자신의 생명을 거는 것das Daransetzen des Lebens은 도박에서 밑천을 거는 것과 거의 비슷하다. 죽거나 완전히 이기거나인 것이다. 데리다는 이때 생명을 '거는 것'을 '도박(놀이)에 거는 것mettre en jeu'과 마찬가지라고 말한다. 완전히 (목숨을) 잃거나 혹은 (주인의 지위를) 따내거나 하는 행위는 도박이나 놀이 외의 어떤 다른 것으로도 규정할 수 없을 것이기 때문이다. 주인은 노예와의 투쟁에서 승리해 결국 주인의 지위를 얻었지만, 그렇게 되기 위해서 생명을 잃을 각오와 무모함을 전제해야 했다. 이러한 무모함은 자신의 노력으로 그에 합당한 성과를 얻어내려는 노동의 태도와는 완전히 대립되는 것이다.

헤겔이 주인의 태도를 긍정적으로 볼 수 없는 이유는 바로 이것이다. 주인의 행위는 진지한 노동을 비웃는 행위이며, 무의미에 대한 긍정이다. 헤겔에게 무의미한 것은 방탕이자 낭비다. 그럼에도 주인과 노예의 변증법에서 헤겔은 주인의 자기의식을 인간이 보다 성숙한 의식으로 발전하기 위한 필연적인 단계로 상정했다. 헤겔이 자기모순에 빠진 것일까? 달리 말해 주인의 도박 행위라는 무의미한 행위를 헤겔의 변증법이 인정하고 있는 것은 아닐까? 헤겔에 따르면 결국 처음에는 주인의 행위도 무의미한 것처럼 보일 뿐 무의미한 행위가 아니다. 주인의 의식은 노예를 형성하는 데 기여할 뿐만 아니라 주인 스스로가 자신이 원하는 자유와 독립성을 노예로부터만 보장받을 수 있다는 점에서 자기 존재의 무의미와 모순을 스스로 깨닫기 마련이기 때문이다.

헤겔의 변증법은 이러한 것이다. 처음에는 무의미하고 우연적인 것처럼 보이지만, 좀 더 성숙한 시각을 얻게 되면 무의미하고 우연적인 것처럼 보이는 것들이 필연적인 것임을 깨닫게 된다. 이것이 바로 변증법적 통찰이며, 변증법의 시각으로 보자면 이 세상에 불필요한 잉여나 찌꺼기는 존재하지 않는다. 찌꺼기는 부주의하고 통찰력이 없는 의식에만 나타날 뿐이다. 헤겔의 변증법은 얼핏 우연적이고 무의미한 것처럼 보이는 것들을 제거하고 이 세상을 하나의 필연적이고도 총체적인 의미를 지닌 것으로 만드는 고도의 철학적 과제라고 할 수 있다. 따라서 헤겔의 철학에서 궁극적으로 필연성의 그물에 들어오지 않는 찌꺼기나 무의미, 우연은 존재할 수 없다.

   데리다가 바타유를 계승하는 점은 바로 이것이다. 무의미한 것, 찌꺼기, 죽음 등을 인정해야 하며, 무의미한 것으로서의 죽음이 분명히 존재한다. 하지만 동시에 데리다는 헤겔 철학에 헤겔 철학 자체와 모순되는 것이 존재함을 본다. 이것이 바로 헤겔을 바라보는 시각에서 데리다와 바타유가 나타내는 차이다. 데리다는 헤겔의 변증법 속에는 이미 헤겔이 주장하는 것과는 반대로 변증법적이지 않은 것이 존재한다고 보았다. 주인과 노예의 변증법에서도 알 수 있듯이, 헤겔의 변증법에는 무의미한 주인의 행위가 개입할 수밖에 없다. 말하자면 무의미와 찌꺼기가 없이는 변증법은 존재하지 않는다는 것이다. 이런 점에서 데리다는 헤겔의 변증법에서 말하는 '모순contradiction'과 자신이 주장하는 '차연'이 그렇게 다르지 않다고 본다.

제한경제를 넘어서

데리다가 보기에는 헤겔의 변증법에도 분명히 무의미와 찌꺼기가 존재한다. 말장난처럼 들릴 수도 있지만, 찌꺼기나 우연 혹은 무의미가 존재하지 않는다면 그러한 찌꺼기를 제거하기 위한 변증법적 운동은 존재할 필요가 없을 것이다. 그렇기 때문에 변증법은 처음부터 무의미나 우연을 전제하고 있는 것이다. 문제는 인간의 철학적 통찰이나 사유가 궁극적으로 이러한 무의미나 찌꺼기를 완전히 제거할 수 있는가다. 헤겔은 공공연하게 이러한 찌꺼기가 완전히 제거될 수 있다고 주장한다. 하지만 헤겔의 이러한 주장을 사실명제가 아닌 당위명제로 해석할 경우에는 상황은 달라진다. 헤겔의 주장은 인간이 세상에 존재하는 모든 찌꺼기를 완전하게 제거할 수 있다는 것이 아니라 그러한 믿음을 가져야만 의식의 진보와 발전이 가능하다는 당위적인 명제로 받아들일 수 있다는 것이다. 하지만 데리다는 이러한 해석 역시 거부한다. 이런 해석 또한 여전히 경제학적인 패러다임에 지배되고 있다고 보는 것이다. 말하자면 무의미란 비경제적인 것으로서 처음부터 제거해야 할 대상으로 전제된다는 것이다. 데리다는 이러한 경제주의적 입장을 '제한경제l'économie restreinte'라고 부르며 바타유의 일반경제에 대립시킨다. 무의미의 존재를 인정하는가 하지 않는가의 문제가 아니라 그것을 제거해야 할 대상으로 삼는가 삼지 않는가의 문제가 헤겔과 데리다의 결정적인 차이를 드러낸다.

데리다가 보기에 헤겔의 철학에서도 무의미는 제거할 수 없거나 이미 제거의 대상이 아닌 것으로 전제되고 있다. 말하자면 헤겔의 철학에서도 제한경제의 논리를 넘어서는 낭비와 잉여가 존재한다는 것이다. 주인의 죽음은 비록 간접적으로는 노예의 노동을 강요하는 데 기여함으로써 무의미한 것이 아니라고 하지만, 사실상 그러한 의미 부여는 억지스러운 것이다. 궁여지책으로 의미를 지닐 수는 있지만 헤겔이 말하는 논리적 필연성은 지니지 못하고 있는 것이다.

이미 차연에 대한 논의에서도 보았듯이, 데리다에게 의미란 무의미와 대립되는 것이 결코 아니다. 의미란 항상 그 자체가 무의미한 것이기도 하다. 이렇게 의미와 무의미가 서로 중첩되어 의미가 무의미이기도 하며 무의미가 의미이기도 한 사태를 데리다는 이중인상^{surimpression}이라고 부른다. 이는 우리가 피상적으로 알고 있는 변증법적 모순과는 다르다. 변증법적 모순은 무의미를 제거하고 무의미를 의미로 만드는 과정이기 때문이다.

하지만 데리다의 해석은 다르다. 헤겔이 자신의 책 『논리학$^{Wissenschaft der Logik}$』(1812)에서 말하는 '모순^{Widerspruch}'이라는 개념을 보더라도 우리의 생각과는 달리 모순은 의미와 무의미가 중첩되는 상황을 의미하기 때문이라는 것이다. 헤겔의 모순이란 이런 것이다. 어떤 것이 자기 자신이기 위해서는 자립적이어야 한다. 즉 자립적인 것이 자기 자신이다. 예를 들면 갓난아기는 아직 자기 자신이 아니다. 왜냐하면 엄마와 같은 보호자를 절대적으로 필요로 하기 때문이다. 자기 자신이 되기 위해서는 타인에 의존하지 말아야 한다. 그런데 문제는 타인에 의존하지 않고서는 결코 자기 자신이 될 수 없다. 이렇게 자기 자신이 되기 위해서 타인에 의존하지 말아야 하면서 동시에 타인에 의존할 수밖에 없는 역설적 상황을 헤겔은 논리학에서 '모순'이라고 부른다.

그런데 이때 흥미로운 사실은 모순이란 결코 타자와 나의 대립관계를 지칭하는 것이 아닌, 나 스스로의 규정에서 비롯된다는 것이다. 예를 들어보자. 헤겔은 아버지와 자식의 관계에서 모순을 설명한다. 아버지는 분명히 독자적인 존재다. 그렇게 독자적인 존재이기 위해서는 아버지는 자식 없이 존재해야 한다. 즉 아버지는 자식을 부정할 때 아버지 자체가 된다. 하지만 우리가 이미 그 사람을 아버지라고 부를 때 자식을 전제하지 않을 수 없다. 따라서 아버지는 언제나 자식과의 관계에 의해서만 규정된다. 자식과 무관한 아버지의 속성은 이 경우 우연적이고 무의미한 것이다.

바로 모순은 여기에서 발생한다. 아버지라는 의미와 아버지라는 의미에서 제거된 아버지가 아닌 다른 인간적인 속성들, 즉 여기서는 무의미한 것이 아버지라는 존재를 이루고 있는 것이다. 따라서 아버지란 아버지이자 동시에 아버지가 아닌 존재다. 이 괴상망측한 말은 이미 앞에서 설명한 바 있다. 헤겔은 변증법에서 무의미를 제거하려 하지만, 자세히 살펴보면 헤겔의 변증법에서도 무의미는 항상 남아 있다. 가끔씩 데리다에게 헤겔주의자라는 의혹이 제기되는 것도 바로 이러한 이유 때문이다.

데리다는 무의미와 의미의 얽힘 혹은 이중인상으로 이루어진 차연의 논리를 주장한다. 데리다의 텍스트 개념은 바로 이러한 차연의 논리에 의해 만들어진 잠정적인 체계에 불과하다. 데리다의 차연의 논리는 제한경제의 논리를 넘어서고 있다. 제한경제의 논리는 무의미를 원천적으로 봉쇄하고 있기 때문이다. 따라서 데리다의 차연의 논리는 제한경제를 넘어서 일반경제를, 의미와 무의미가 중첩된 차연의 경제학을 제시하고 있는 것이다.

Jacques Derrida

Chapter 3

대화
TALKING

Gilles Deleuze

🎙 대화

현대 건축의 데리다·들뢰즈 읽기
오독인가, 재해석인가?

    1980년대 이후 현대 건축의 키워드를 꼽자면 '해체'와 '재구성', '디지털' 정도가 될 것이다. 현대 건축의 이러한 흐름은 모더니즘 건축 양식 및 유클리드 기하학적인 형태의 획일성과 완전성을 부수고, 기능 위주의 건축에서 탈피해 때로는 분열되고 뒤틀리고 돌발적인 형상마저 추구하여 새로운 형태를 구성하려는 노력으로 평가할 수 있다. 우리나라도 이러한 흐름의 예외는 아니어서, 이미 해체주의 건축가 다니엘 리베스킨트Daniel Libeskind, 1946~나 디지털 디자인 작업으로 유명한 벤 판 베르컬Ben van Berkel, 1957~ 등이 시공한 주택 단지, 백화점, 대기업 사옥, 주상복합 건물 등이 들어서 있다. 또 서울시가 추진하는 동대문 운동장 디자인 공원화 프로젝트에는 해체주의 건축의 거장인 자하 하디드Zaha Hadid, 1950~가 설계한 작품이 들어선다. 1980년대 이후 현대 건축의 이러한 흐름에 가장 큰 영향을 끼친 '사상가'로 데리다와

— 초대 — 만남 — 대화 — 이슈 —

들뢰즈를 꼽는 데는 이의를 달 사람이 없을 것이다. 과연 현대 건축은 데리다와 들뢰즈의 철학을 어떻게 구현하고 있을까? 데리다와 들뢰즈가 생존해 있다면, 자신들의 사상을 반영했다는 건축물들을 보고 과연 흡족해했을까? 지금 이 대화는 데리다와 들뢰즈가 현대 건축에 대한 의견을 피력하는 상황을 가상으로 설정해본 것이다. 장소는 대한민국의 서울, 데리다와 직접 공동 작업을 하고 책까지 펴냈던 건축가 피터 아이젠먼^{Peter Eisenman,}

1932~, 들뢰즈에 대한 해석을 바탕으로 한 리좀적 네트워크를 추구하는 건축가 벤 판 베르컬이 건축계 대표로 대화에 참석한다. 여기에, 유럽 철학을 전공한 박영욱 교수가 사회를 맡아 진행한다. 데리다의 영향을 가장 많이 받은 것으로 알려진 해체주의 건축가 베르나르 추미Bernard Tschumi, 1944~는 개인 사정으로 참석지 못한 상황이다.

|박영욱| 오늘날 전 세계적으로 건축계의 막후에서 큰 영향력을 발휘하고 계신 철학자 두 분과 현재 활발한 활동을 보여주고 계신 건축가 두 분을 한자리에 모시게 돼 무척 영광입니다. 철학의 이념을 건축의 형태로 구현한다는 것이 보통 쉬운 일이 아닐 텐데요. 그동안 서로에 대해 무척 할 말이 많으셨을 것이라 봅니다. 그래서 오늘의 대화가 무척 기대됩니다.

|데리다| 이미 우리가 이 자리에 모이기 전부터 대화는 시작된 셈입니다. 사실 저는 이런 대화의 자리에 익숙합니다. 그리고 이러한 대화의 끝이 결국은 무의미의 생산이라는 것도 충분히 예상되고요. 더군다나 이 자리에 참석하신 아이젠먼 씨와는 파리 '라빌레트 공원Parc de la Villette'의 설계와 관련해 정기적인 만남의 자리를 갖기도 했지요.

|아이젠먼| 네, 저한테는 매우 유익한 만남이었습니다. 그야말로 철학자와 건축가의 언어가 어떻게 다른지를 확실하게 보여주었으니까요.

|들뢰즈| 제가 잘 사용하는 표현으로 말하자면, 두 사람의 계열^{série}이 서로 어긋난 거군요.

|데리다| 정확합니다. 저는 사실 철학과 건축의 계열이 아무런 상관이 없다는 것을 잘 알고 있었기 때문에 가급적 건축의 기본적인 원칙에 충실하려 했습니다.

|박영욱| 데리다 씨와 아이젠먼 씨의 대화는 책을 통해 익히 잘 알고 있습니다. 방금 말씀하신 대로 데리다 씨가 건축의 원론적인 사고에 접근하려고 노력하신 데 반해, 아이젠먼 씨는 거꾸로 건축적인 요소보다는 철학적인 개념이나 통찰에 더 관심이 많으신 듯했습니다.

|아이젠먼| 그렇습니다. 저는 건축을 철학의 한 표현으로 이해했고, 데리다 씨는 오히려 건축을 너무나 건축적으로 이해하려고 노력하신 편이었지요. 그런 사실은 저희 둘의 대화를 바탕으로 쓴 책 『코라 엘 워크$^{Chora L Work}$』(1997)를 본 사람들 대부분이 지적하는 바이지요.

|데리다| 아이젠먼 씨와 이 문제로 다시 논쟁을 벌이고 싶지는 않군요. 하지만 한 가지만 언급하자면, 해체주의 건축의 이론적 토대인 해체주의를 만든 사상가로서 저는 아이젠먼 씨의 작업이 해체라는 철학적 작업보다는 건축이라는 본분의 작업에서 이루어져야 한다고 믿습니다. 저와 아이젠먼 씨의 접점은 건축의 범

위에서 찾아야 한다는 것이지요.

|아이젠먼| 저는 오히려 그것이 문제라고 봅니다. 건축과 철학이라는 이질적인 경계와 틀을 전제하는 것이야말로 해체주의 철학에 위배되는 것이 아닐는지요?

|들뢰즈| 제 생각에는 건축과 철학은 연접적인 관계에 있다고 봅니다. 건축과 철학은 결코 이질적인 것도 아니고 그렇다고 동질적인 것도 아닐테죠. 두 분의 대화는 분명 서로 공명관계를 형성하고 있을 듯합니다. 이 경우 두 분의 목소리가 이질적일수록 공명은 더욱 커지기 마련이죠. 아마도 두 분의 만남을 주선했던 아이젠먼 씨의 의도가 그러한 것이 아닐까요?

|아이젠먼| 그렇습니다. 저 역시 서로 다른 소리를 내야 한다고 생각했습니다. 한편으로는 제 소리가 너무나 컸다는 지적도 있었지만요.

|베르컬| 확실히 그랬습니다. 두 분의 대화를 보면 아이젠먼 씨가 훨씬 더 철학자 같아 보이고, 반면 데리다 씨는 건축에 대해 진지하게 공부해보고자 하는 인문학자 같았습니다.

|박영욱| 아이젠먼 씨와 데리다 씨의 관계는 베르컬 씨와 들뢰즈 씨의 관계와 같다고 보는데요.

| 들뢰즈 | 무슨 말씀이신지……. 좀 더 구체적으로 말씀해주시겠어요?

| 박영욱 | 아이젠먼 씨의 건축 디자인이 해체주의라는 점에서 데리다 씨의 사상에 빚지고 있다면, 베르컬 씨의 디지털 디자인 작업은 들뢰즈 씨의 '주름$^{le\ pli}$'이라든지 '매끈한 공간$^{espace\ lisse}$' 등의 개념에 빚지고 있는 것이 아닐는지요?

| 아이젠먼 | 그건 오해입니다. 사실상 제 작업은 들뢰즈 씨의 사상과 더 관련이 깊지요. 박영욱 씨는 혹시 데리다 씨와 저와의 만남을 주선한 추미 씨를 저와 혼동하고 계신 것은 아닌지요?

| 박영욱 | 앗, 죄송합니다. 그렇군요. 라 빌레트 공원을 정작 설계한 것은 추미 씨죠. 이런 실수를……. 사실 얼마 전에 추미 씨에 관한 논문을 쓰고서도 이렇게 실수를 하는군요.

| 아이젠먼 | 추미 씨가 데리다 씨의 해체주의 철학에서 영향을 받은 것은 매우 확실하죠. 그분의 『건축과 해체$^{Architecture\ and\ Disjunction}$』(1994)라는 책을 보더라도 데리다 씨의 영향이 굉장히 두드러집니다. 반면 저는 1960년대부터 지금까지 줄곧 다이어그램^{diagram}이라는 말을 쓰고 있는데, 이 말이 디지털 건축 디자인이 출현하면서 유행어가 되어버린 감이 있죠.

| 베르컬 | 맞습니다. 저도 다이어그램이라는 용어를 많이 쓰지만,

사실 건축에서 다이어그램이라는 말을 이론적으로 정착시킨 분은 아이젠먼 씨라고 할 수 있죠.

|아이젠먼| 쑥스럽지만 그건 사실입니다. 그런데 흥미로운 사실은 이 개념이 들뢰즈 씨가 사용하는 다이어그램 개념과 흡사하다는 겁니다.

|베르컬| 그건 동의할 수 없군요. 사실 아이젠먼 씨가 사용하는 다이어그램 개념은 들뢰즈 씨의 개념과는 다른 것 같아요.

|들뢰즈| 후훗, 쑥스럽게도 그 개념은 제가 만든 것은 아니고 미셸 푸코^{Michel Foucault, 1926~1984}에게서 가져온 것이지요. 다만 저는 다이어그램이라는 개념이 칸트의 '도식' 개념과 관련이 있다고 보고 그것을 프랜시스 베이컨^{Francis Bacon, 1909~1992}의 회화론에 적용했습니다.

|박영욱| 죄송한 말씀이지만, 여기서 다이어그램이 무엇인지 약간은 설명이 필요할 듯하군요. 아무래도 이 개념은 아이젠먼 씨 건축에서 핵심적인 용어인 듯하니 아이젠먼 씨가 간단하게 설명을 해주시는 게 좋을 듯합니다.

|아이젠먼| 건축에서 다이어그램이란 시공을 목적으로 만든 도면을 제외한, 건축과 관련된 모든 시각적 계획안을 다 포함하는 말입니다. 예를 들어 누군가가 집을 짓겠다고 할 때, 처음부터 설

계 도면이 나오는 게 아니라, 짓고 싶은 집의 모습을 대충 스케치한 그림이 분명 있겠죠? 그런 그림이 대표적인 다이어그램이라고 할 수 있지요. 누군가가 축구공 모양의 건물을 짓겠다고 생각하고 축구공 모양으로 건물의 모습을 시각적으로 그려놓는다면 이것도 다이어그램에 해당되겠지요. 그런데 그 그림을 시공자들에게 보여주면서 집을 만들라고 할 수는 없잖아요? 이 다이어그램에 맞는 설계 도면을 다시 만들어야겠죠. 그 결과 나온 설계 도면은 분명 원래 그렸던 다이어그램과는 다소 다를 겁니다. 다이어그램은 바로 이런 가치가 있죠. 다이어그램은 정말 다양합니다. 여기 계신 베르컬 씨도 다이어그램을 많이 활용했죠. 베르컬 씨는 뫼비우스 띠$^{\text{Möbius strip}}$라든지 클라인 병$^{\text{Klein bottle}}$을 다이어그램으로 만들어서 건축 디자인에 활용한 것으로도 유명하지요.

| 들뢰즈 | 바로 그렇습니다. 다소 오해의 소지는 있을 수 있겠지만, 건축에서 전통적인 설계 도면을 '개념'에 상응하는 것으로 본다면 다이어그램은 '이념'에 가깝습니다. 전통적인 설계 도면은 건물 전체를 미리 규정하고 어떠한 변이나 일탈의 가능성도 배제하려 합니다. 이에 반해 다이어그램은 건물을 다양체로서 보는 것이지요. 어떤 변이나 예상치 못한 일탈의 잠재적 가능성도 허용합니다. 다이어그램으로부터 구체화된 설계 도면을 받아 시공을 하던 건축 디자인이 거꾸로 설계 도면으로부터 다이어그램으로 옮겨 간다는 것은 바로 이러한 패러다임의 변화를 의미한다고 봅니다. 사실, 저는 다이어그램이라는 말을 푸코의 저서 『감시와 처벌$^{\text{Surveiller et punir}}$』(1975)에서 끌어들여 왔지만, 원래 이 말

은 칸트의 '도식'과 밀접한 관련이 있습니다. 그리고 제가 본격적으로 다이어그램이라는 말을 사용한 것은 베이컨의 회화를 분석한 『감각의 논리Francis Bacon: logique de la sensation』(1981)에서였습니다. 여기서 저는 베이컨의 회화가 다이어그램의 의미를 잘 드러낸다고 생각했습니다. 아니, 베이컨의 회화는 다이어그램이라는 용어로밖에 설명할 수 없습니다. 베이컨의 회화는 분명 전통적인 구상 회화와는 다릅니다. 그렇다고 완전한 추상화도 아니지요. 구상화와 추상화의 경계에 있다고나 할까요. 잘 알다시피 구상화는 개념의 회화입니다. 구상화에 그려진 이미지들은 모두 다 우리가 언어로서 개념화할 수 있는 것들이니까요. 이에 반해 추상화는 그러한 일상적인 개념들이 결여되어 있습니다. 매우 모호하지요. 그런데 추상화는 개념과 관련해 보자면 두 가지 상반된 경향을 나타냅니다. 하나는 초기 추상화가들인 바실리 칸딘스키Vasilii Kandinskii, 1866~1944나 피터르 몬드리안Pieter Mondriaan, 1872~1944처럼 구상적 이미지가 아닌 추상적 이미지 자체가 하나의 확고한 기호가 될 수 있다고 믿었지요. 이들은 구상화에서 드러나는 개념은 거부했지만 추상적인 개념을 제시합니다. 이에 반해 마크 로트코Mark Rothko, 1903~1970나 잭슨 폴록Jackson Pollock, 1912~1956과 같은 추상표현주의자abstract expressionist들은 아예 어떤 체계나 기호 자체를 거부하지요. 베이컨의 회화 영역은 바로 이 중간의 어떤 지점입니다. 말하자면 그의 그림에는 분명히 체계가 존재하고 구상적 이미지처럼 보이는 것도 존재하지만, 그의 그림에서 발견되는 이미지들은 확고한 이미지도 아니고 그렇다고 확고한 체계를 지니고 있지도 않습니다. 그가 그린 이미지들은 변이와 일탈을 허용하고 있을뿐더러 어쩌면 변이와 일탈 자체이기도 합니다. 그림의 체계성 또한 마찬가지이고요. 그의 그림은 체계이기도 하고 비체계이기도 하지요. …… 『감각의 논리』는 한국어로도 번역된 걸로 알고 있는데요. 한 가지 참고로 말씀드리자면 한국어 번역판에서는 다이어그램이 '돌발 흔적'이라는 말로 번역이 되어 있더군요. 이러한 번역어를 선택한 데는 분명 번역자의 진지한 고민이 있었으리라 생각합니다만 번역자의 '친절한' 노고가 오히려 제 의도를 이해하는 데 방해가 될 수도 있는 것 같습니다. 그냥 다이어그램이라고 번역하는 것이 낫지 않을까요?

|박영욱| 좋은 지적이십니다. 제 생각에도 '돌발 흔적'이라는 말보다는 다이어그램이라는 말이 훨씬 좋을 듯하군요. 저 역시 한국어로 번역된 책을 읽으면서 처음에는 돌발 흔적이 다이어그램의 번역어라는 생각을 전혀 할 수 없었거든요. 그건 그렇고, 들뢰즈 씨께서 베이컨의 회화를 다이어그램과 관련지어 말씀하시면서 마지막에 하신 논의는 데리다 씨의 해체론과 매우 흡사하게 들립니다. 베이컨의 회화에서 이미지는 구체적인 이미지이기도 하면서 그렇지 않으며, 또 체계적이면서도 체계적이지 않다는 것은 결국 프레임 안에 있으면서도 프레임 밖에 있다는 데리다 씨의 해체론과 비슷한 것이 아닌가요?

|데리다| 상당히 비슷한 점이 있지요. 들뢰즈 씨의 논의에 따르면 결국 베이컨의 이미지들은 의미와 무의미가 중첩되어 있다는 것이고, '삼면화triptych' 시리즈에서 나타나듯이 테두리라는 프레임

이 있으면서도 궁극적으로 그 테두리는 안과 밖의 확고한 경계라기보다 오히려 모호한 점선과 같은 것이라는 말이지요. 제가 딱 하고 싶은 말입니다.

|박영욱| 그렇다면 들뢰즈 씨를 해체주의자라고 불러도 될까요?

|들뢰즈| 결코 아닙니다. 저는 절대로 해체주의자가 아닙니다. 제 철학과 해체주의는 외관상 유사해 보이는 것도 있지만, 실은 전적으로 다릅니다. 혹자는 데리다 씨의 철학과 제 철학을 '사이entre'와 '중간milieu'이라는 용어로 구별하기도 하더군요. '사이'는 이것도 저것도 아닌 것이기도 하면서, 동시에 이것이면서 저것이기도 한 것입니다. 그런데 사이는 항상 사이일 뿐 하나의 독자적인 영역이 결코 아닙니다. 이에 반해 중간이란 이것도 아니고 저것도 아니면서 이것이기도 하고 저것이기도 하지만, 그것은 하나의 독자적인 영역이기도 합니다. 아주 간단하게 말씀드리자면, 데리다 씨의 해체 철학은 말 그대로 해체에 목적을 두고 있으며 하나의 독자적인 체계를 지니지는 않습니다. 이에 반해 제가 관심을 갖는 것은 체계 자체를 파괴하거나 거부하는 것이 아니라 궁극적으로 기존의 체계와는 다른 체계를 형성하는가에 관한 것입니다. 이것이 결정적인 차이인 듯합니다.

|베르컬| 데리다 씨는 들뢰즈 씨의 말씀에 동의하지 않을 수도 있겠지만, 저는 들뢰즈 씨의 구분이 지극히 타당하고 봅니다. 그것은 건축에서 더욱 뚜렷하게 나타납니다. 1980년대부터 유행했

던 해체주의 건축과 1990년대 이후의 건축은 분명하게 구분됩니다. 해체주의 건축은 말 그대로 모더니즘 건축에 대한 반발과 그것의 해체를 목적으로 했다면, 1990년대 이후 건축은 단순한 해체로부터 재구성을 추구했습니다. 건축에서 1980년대 해체주의 건축이 데리다 씨의 해체주의와 밀접관 관련이 있다면, 1990년대 이후의 주도적인 건축은 어떤 새로운 체계성을 담을 것인가에 대한 노력과 관련해 들뢰즈 씨의 사상에 영향을 많이 받게 됩니다. 들뢰즈 씨가 사용한 '주름', '리좀', '매끈한 공간', '다양체' 등의 개념이 건축에 끼친 영향은 상당한 것입니다.

|아이젠먼| 오해를 피하기 위해서 한 가지 첨가하고 싶군요. 해체주의 건축이라는 것이 참 모호하다는 사실입니다. 해체주의 건축이라는 말이 유행한 것은 건축가 필립 존슨[Philip Johnson, 1906~2005]과 평론가 마크 위글리[Mark Wigley]가 주도한 '해체주의 건축가전[1988 Deconstructivist Architecture]'의 영향이 큽니다. 하지만 알고 보면 저를 비롯해 그 전시에 참가한 건축가들인 추미 씨, 리베스킨트, 하디드, 렘 콜하스[Rem Koolhaas, 1944~], 코프 히멜블라우[Coop Himmelb(l)au, 1968~] 등은 사실상 해체주의에 모두 동의하고 있지는 않습니다. 그리고 해체주의라는 말이 데리다 씨의 해체주의와 관련이 없다고 볼 수는 없지만, 바로 그러한 이유 때문에 오히려 큰 약점으로 지적되기도 합니다. 말하자면 해체주의 건축이 건축 자체의 내재적인 반성에서 나온 개념이라기보다는 통일성이 없는 모호한 경향을 철학적인 개념으로 규정한 것이라는 셈이죠. 더군다나 전시를 기획하고 해체주의라는 말을 즐겨 사용한 위글리는 정작

해체주의를 1920년대 소비에트의 구성주의 건축과 연결 짓고 있습니다. 당시의 소비에트 건축을 보면 안정된 외관보다는 사선과 비대칭이 많이 사용되었는데, 이러한 비대칭과 사선이 해체주의 건축에서 나타나는 비대칭의 선과 많이 유사하다는 것이지요. 이러한 유비는 분명 난센스입니다. 왜냐하면 소비에트 건축이 그러한 비대칭과 사선의 형태를 띠는 것은 구성주의자들의 원칙 및 신념과 관련이 있습니다. 이들은 건축을 계급 투쟁의 도구로 보았으며, 정지된 수평선이나 안정된 수직 구조보다는 비대칭과 사선이 훨씬 더 사람들의 마음을 동요시키며 진보를 향한 의식을 고취한다는 것이지요. 해체주의는 적어도 건축에서만큼은 뭔가 규정하기 어려운 어떤 흐름이었습니다.

|데리다| 아이젠먼 씨의 지적이 적절합니다. 하지만 한편으로 당시 아이젠먼 씨나 추미 씨의 작업을 보면 분명히 제가 주장하는 해체주의와 일치하는 점들이 발견됩니다. 가령 아이젠먼 씨가 「로미오와 줄리엣」의 텍스트를 활용해 공간을 설계한 사례나, 추미 씨가 라 빌레트 공원을 설계한 것도 해체주의 철학과 아무 관련이 없다고는 할 수 없을 겁니다.

|박영욱| 맞습니다. 추미 씨의 『건축과 해체』를 보면 흡사 데리다 씨의 해체주의 철학을 건축적인 버전으로 설명하고 있다는 느낌을 받게 됩니다.

|베르컬| 저도 동감입니다. 추미 씨가 책에서 말하고 있는 것이나

작업을 보면 명백하게 해체주의 철학의 영향을 받고 있다는 사실을 알 수 있습니다. 추미 씨는 건축의 기능을 '거주하기 위한 기계'로 본 르코르뷔지에의 견해와 달리합니다. 건축의 기능이란 거주가 아닌 철학적인 기능을 지닌다는 것이지요. 건축이 철학적인 기능을 갖는다는 것은 건축이 기존의 관습이나 통념을 깨뜨릴 수 있다는 의미입니다.

| 아이젠먼 | 사실 저는 이 점이 못마땅합니다. 르코르뷔지에는 결코 기능주의자가 아니었거든요. 사부아 주택$^{Villa\ Savoye}$(1929)이나 돔이노$^{Dom-Ino}$(1915)와 같은 그의 초기 대표작뿐만 아니라 롱샹 성당$^{Chapelle\ Notre-Dame-du-Haut\ de\ Ronchamp}$(1954)을 보더라도 그를 기능주의자라고 부를 수는 없을 겁니다. 저는 그가 철저하게 형식주의자라고 봅니다. 추미 씨와 저의 공통점은 기능주의를 거부한다는 것인데, 분명한 차이점은 추미 씨는 르코르뷔지에를 기능주의자로 생각할지 몰라도 저는 그렇게 생각하지 않는다는 사실입니다. 근대 건축의 원형이 된 르네상스 건축을 생각해보세요. 르네상스 건축이 기능주의 건축인가요? 결코 아닙니다. 르네상스 건축의 모델이 되었던 그리스 건축이 결코 기능주의 건축이 아닌 것과 마찬가지입니다. 기둥 밑바닥의 지름을 하나의 모듈로 정하고 이를 토대로 수학적인 규칙에 따라 건물을 짓는 것을 어떻게 기능주의적이라고 부를 수 있을까요?

| 베르쿨 | 하지만 르코르뷔지에를 기능주의자라고 부를 만한 충분한 이유도 존재하지 않을까요? 예를 들면 그리스인들이나 르코

르뷔지에는 모두 신체의 비율을 활용해 모듈을 만드는데, 이렇게 만든 모듈이 인간의 신체에 기반한다는 점에서 분명히 인간의 활동과 기능을 고려한 것이라고 봅니다. 인간의 평균 신장이나 신체 비례를 기초로 공간을 비례적으로 구성하는 것보다 더 기능적인 방식은 없다고 생각합니다. 추미 씨는 건축을 철학적인 행위로 보기 때문에 건축에는 근대적인 의미에서의 기능이 아닌 사회적이고 이데올로기적인 기능이 있다고 보는 것 같습니다. 말하자면 데리다 씨가 근대의 소리 중심주의나 로고스 중심주의를 해체했던 시도를 추미 씨는 건축을 통해서 하고자 하는 것입니다.

|박영욱| 건축을 잘 모르는 저 같은 사람들을 위해 좀 더 구체적으로 말씀해주실 수는 없는지요?

|베르컬| 알겠습니다. 파리 외곽에 위치한 라 빌레트 공원을 가보면 파리의 다른 공원과는 확연하게 다른 점을 발견하게 됩니다. 가장 눈에 띄는 차이점은 튈르리 공원^{Jardin des Tuileries}이나 뤽상부르 공원^{Jardin du Luxembourg}과는 달리 매우 현대적인 공원이라는 데 놀랄 것입니다. 전통적인 공원과 달리 상당히 밋밋하죠. 그런데 특이한 점은 일정한 간격으로 빨간색 건물이나 지형이 있다는 거죠. 추미 씨는 이것을 폴리^{folie}라고 불렀습니다. 폴리란 말 그대로 '어리석음'이나 '광기'를 뜻하죠. 그런데 사실 더 정확히 말하면 데리다 씨가 말하는 무의미^{nonsens}에 더 가깝다고 할 수 있습니다. 설계 도면을 보거나 공중 촬영을 해보면 이 폴리들이 매우 일정한 간

격으로 배치되어 있음을 알 수 있습니다. 추미 씨는 사방 110미터 간격으로 폴리를 배치했다고 말하는데요. 그 이유가 무척이나 걸작입니다. 즉 아무런 이유가 없다는 거지요. 정확히 상하좌우로 110미터씩의 간격을 유지하고 있으니까요. 그래서 도면을 보면 공원 전체는 마치 그리드^{grid}처럼 보이지요. 폴리들은 그리드를 형성하고 있는 점들이고요. 추미 씨는 분명히 그리드를 염두에 둔 것입니다. 그리드는 잘 알다시피 공간을 기하학적으로 반듯하게 구성하기 위한 근대적인 도구잖아요. 이 그리드에서 공간이 기능적으로 분할되었던 거죠. 그런데 추미 씨는 바로 이 그리드를 무의미하게 사용하고 있는 것입니다. 그리드의 점들이 아무런 의미가 없다는 것이지요. 근대의 그리드를 희화화하는 것은 곧 데리다 씨가 근대의 텍스트에 나타난 로고스 중심주의를 희화화하는 것과 마찬가지죠. 흥미로운 발상입니다. 그렇게 보자면 라빌레트 공원의 폴리들은 무의미한 점들이지만 그 공원을 찾은 사람들에게는 시각적인 즐거움을 줄 수도 있고 방위를 알 수 있는 역할을 한다는 점에서 자유롭게 의미를 창출할 수도 있죠. 데리다 씨의 철학적 표현을 빌리자면 폴리는 그리드라는 책^{livre}의 글자^{lettre}가 아닌 텍스트를 이루는 문자^{gramme}라고 할 수 있을 것입니다. 그렇게 보자면 추미 씨는 건축을 설계하고 있기보다는 데리다식의 텍스트를 만드는 '글쓰기^{écriture}'의 실행이라고 볼 수 있을 것입니다. 제 이야기는 결코 비약이 아닙니다.

| 데리다 | 말하자면 추미 씨는 저보다 더 급진적인 셈이군요. 하하.

|박영욱| 말이 나온 김에 들뢰즈 씨의 철학이 어떻게 건축에 적용되었는지 설명을 해주셨으면 좋겠습니다.

|아이젠먼| 무엇보다도 '주름'이라는 개념이 건축에 끼친 영향이 가장 큰 것 같습니다. 동시에 건축 이론에서 이 주름이라는 개념만큼이나 오해되고 있는 것도 없다고 봅니다. 주름이라는 용어는 건축에서 거의 형이상학적인 개념으로 신비화되고 있습니다. 주지하다시피 어떤 개념이든 신비화되는 것은 이미 그것이 잘못 사용되거나 오해되고 있다는 것을 뜻합니다. 들뢰즈 씨의 주름이라는 개념 속에 마치 공간의 감춰진 본질이 있다거나 혹은 건축의 비밀을 풀 수 있는 열쇠가 있다고 믿는 것은 지극히 어리석은 생각입니다. 들뢰즈 씨 본인은 어떻게 생각하시는지요?

|들뢰즈| 맞습니다. 제가 만든 개념이 그렇게 널리 사용된다는 점은 뿌듯하고 자부심도 느끼지만, 한편으로는 매우 걱정스럽기도 합니다. 제 생각과는 분명히 다르게 사용되고 있는 점이 많으니까요. 한 가지만 예를 들어보죠. 사람들은 주름의 개념을 진짜 주름의 모양새나 비정형성의 예측할 수 없는 형태 구조와 관련짓습니다. 예를 들면 오늘날 디지털 건축이 등장한 이후 과거의 규칙적이고 기하학적인 형태의 구조물과는 다른 불규칙한 형태의 건물들이 많이 등장하고 있습니다. 이들은 직선보다는 불규칙한 곡선의 형태를 취하고 있습니다. 흔히들 비정형성 건축물이라고 표현합니다. 이러한 비정형성 건축물들을 보고 사람들은 주름이니 리좀이니 하는 개념들을 갖다 붙입니다. 저는 비정형

성 건축물들이 잘못됐다거나 혹은 마음에 들지 않는다고 말하려는 게 아닙니다. 제가 사용하는 주름이나 리좀의 개념과 비정형성 건축물은 별 상관이 없다는 것을 강조하고 싶은 것입니다. 어떤 이들은 예측 불가능한 비정형적 형태와 구조를 통해 사람들이 마음의 동요를 느끼는 것을 주름의 심리적 효과라고 말하기도 합니다. 사람들이 기하학적으로 규칙적인 형태가 아닌 꾸불꾸불하고 불규칙한 형태에서 다른 심적인 경험을 하는 것은 당연합니다. 하지만 이것을 주름의 내적인 경험이라고 부르는 것은 너무나 단순한 설명입니다. 호소력도 없고요. 사람들은 구부러지고 불규칙한 형태 속에 어떤 심오한 사상이나 공간적 표현이 담겨 있지 않을까 기대하지만, 이런 기대감을 충족시키는 신비하고도 심오한 용어로 주름이라는 개념이 사용되는 것은 옳지 않습니다. 오히려 건축하는 사람들에게 혼란만을 줄 뿐이죠. 주름은 매우 추상성이 높은 공간에 대한 형이상학적 규정일 뿐 건축에 바로 적용될 수 있는 개념이 결코 아닙니다. 사람들은 이러한 사실을 혼동하고 있는 듯합니다. 지극히 추상적인 개념을 가지고 구체적인 건축물에 적용하려 하기 때문에 오히려 주름이라는 개념이 어려워지는 것입니다. 어떤 건축물이 주름의 개념에 더 부합하는지 그렇지 않은지를 결정하는 것은 난센스지요. 주름의 개념은 이러한 구체적 작업과는 무관하기 때문입니다. 말하자면 철학적인 개념인 것이지요. 제가 안타깝게 생각하는 것은 주름이라는 개념이 오히려 특정 건축물이나 건축가의 작품을 미화하고 신비화하는 구실로 사용된다는 점입니다. 철학적 개념이 그런 구실로 사용되기에는 딱 좋죠. 왜냐하면 이해가 쉽지 않으니까요. 주름이라는 개념을 적용해 구체적인 건축물이나 건축가의 작업을 분명하게 설명하는 사례는 저조차도 찾아볼 수 없었습니다.

|베르컬| 저도 들뢰즈 씨의 말씀에 전적으로 찬성하는 바이지만, 한 가지는 말씀드려야 할 것 같습니다. 들뢰즈 씨의 주름 개념이 건축 이론, 특히 건축 디자인 이론에서 정확하게 사용되고 있는지의 여부에 상관없이 이미 주도권을 행사하는 개념이 되었다는 것이지요.

|아이젠먼| 들뢰즈 씨의 말씀에 대해서는 저도 약간 뜨끔하는 바가 있습니다. 저 역시 다이어그램의 개념을 설명할 때 들뢰즈 씨의 철학을 많이 인용합니다. 과연 올바르게 적용하고 있는지에 대해 다시 한 번 숙고해봐야 할 것 같군요. 이 기회를 빌려 들뢰즈 씨의 공간론을 매우 간단하게 들어보고 싶군요.

|들뢰즈| 제가 주름이라는 개념을 쓰게 된 것은 간단합니다. 철학적으로는 고트프리트 라이프니츠$^{\text{Gottfried Leibniz, 1646~1716}}$의 영향을 많이 받았으며 예술사적으로는 빌헬름 보링거$^{\text{Wilhelm Worringer, 1881~1965}}$의 영향을 많이 받았습니다. 주름의 개념은 바로크적인 것과 관련이 매우 깊습니다. 바로크적인 것은 르네상스적인 것과 비교하면 쉽게 알 수 있지요. 일단 회화를 비교해보죠. 보링거가 지적했듯이, 르네상스의 회화는 매우 돌출적인 공간을 나타냅니다. 마치 입체경을 보는 것처럼 3차원의 공간이 아주 뚜렷하게

느껴집니다. 르네상스 회화에서 그림이 그려진 평면의 벽이나 캔버스는 물리적으로는 분명히 평면이지만 이미 평면적이지 않습니다. 이에 반해 카라바조Michelangelo da Caravaggio, 1573~1610나 렘브란트Rembrandt van Rijn, 1606~1669의 그림을 보면 확연히 다른 점이 발견됩니다. 카라바조나 렘브란트의 그림에선 주요 인물의 얼굴은 매우 환한 데 비해 옷이나 배경은 컴컴합니다. 분명히 캔버스만 놓고 보면 르네상스의 회화는 3차원적인 공간을 표현하지만 바로크 회화는 편편한 것처럼 보입니다. 하지만 보링거의 지적처럼 이러한 관계는 충분히 역전이 가능합니다. 르네상스의 회화는 모든 공간이 가시적이기 때문에 다 들여다볼 수 있지만, 바로크 회화의 공간은 그렇지 않습니다. 어두운 밤의 공간이나 바닥을 들여다볼 수 없는 심연처럼 느껴집니다. 어느 공간이 더 깊은 느낌을 주나요? 시각적으로는 명백히 르네상스 회화가 더 깊은 것처럼 느껴지지만 사실은 심리적 효과를 포함해 인간의 지각에는 바로크 회화의 편편한 공간이 더욱 깊게 느껴지기 마련입니다. 르네상스 회화가 감상자의 눈에만 공간의 깊이를 느끼게 만든다면, 바로크 회화는 감상자의 눈이 아닌 총체적인 지각으로 공간의 무한한 깊이를 느끼게 합니다. 그래서 저는 바로크의 공간이 촉각적인(정확하게 말하면 촉지적인) 공간이라고 믿습니다. 물론 이러한 용법은 스위스 미술사가인 하인리히 뵐플린Heinrich Wölfflin, 1864~1945의 용법과는 정반대입니다. 뵐플린은 르네상스적인 공간을 촉각적이라고 표현했는데, 그 이유는 르네상스 회화에 나타난 이미지가 마치 실제 현실 공간처럼 돌출한 듯이 보여 손으로 만지는 것 같은 느낌이 난다는 의미에서라고 합니다. 저는 오히려 촉각적이라는 말을 거꾸로 사용하고자 합니다. 촉각적이라는 표현은 시각적인 것과 달리 안정된 실루엣이 부족합니다. 원근법 회화나 신고전주의 회화에서처럼 실루엣이 명확하면 깊이감이 떨어지죠. 좀 더 이어나가 볼게요. 이러한 주름의 공간론은 제가 가타리 씨와 함께 쓴 『천 개의 고원』에서도 거듭 밝힌 바 있습니다. 특히 이 책의 마지막 장인 '매끈한 공간과 홈이 파인 공간'에서 매우 명시적으로 공간론을 제시했습니다. 그 부분에서 제가 말하고자 하는 핵심 또한 마찬가지입니다. '매끈한 공간'이라는 개념 역시 주름 못지않게 건축 분야에서 많이 사용되고 있습니다. 하지만 그 정확한 의미는 매우 단순하고 추상적이라서 주름 개념과 마찬가지로 건축에 구체적으로 적용하기에는 무리가 있습니다. 매끈한 공간은 편편하다는 의미가 결코 아닙니다. 은유적으로 이해해야 합니다. 그것은 이미 『천 개의 고원』에서도 거듭 설명된 '다양체' 혹은 '잠재성'의 공간을 의미하며, 현실적인 공간이 아니라 이념적인 공간을 뜻합니다. 한번 가정해보세요. 현실적으로는 불가능하겠지만, 완벽하게 편편한 공간이 있다고 쳐봅시다. 그 위에 물을 흘려 보냅니다. 그러면 어떻게 될까요? 어떤 방향으로 흐를지 아무도 예상할 수 없습니다. 바람의 영향을 받을 수도 있고 혹은 물이 떨어지는 위치나 물의 세기에 영향받을 수도 있지만, 원칙적으로 바닥에 떨어진 물이 어디로 흐를지는 아무도 모릅니다. 이러한 공간은 말 그대로 물이 모든 방향으로 갈 수 있는 무한한 가능성을 지닌 잠재적인 공간입니다. 원래 공간은 이렇게 잠재적으로 무한하며, 그 자체가 다양체입니다. 그런 점에서 공간은 이념적인 것이지요. 하지만 현실적으로 이러한 매끈한 공간이 과연 존재할까요? 항상 미리 정해진 기울기나 혹은 일정한 방향이 있습니다. 말하자면 미리 홈이 파여 있는 것이지요. 공간에 홈이 파여 있으면 어떨까요? 그곳에 물을 떨어뜨리면 물이 홈을 타고 흐를 경향이 큽니다. 반드시 그렇지는 않겠지만요. 바람이나 기울기 혹은 물을 떨어뜨리는 방향이나 세기에 따라 홈을 벗어나 물이 흐를 수도 있겠지요. 하지만 물이 홈을 타고 흘러내릴 가능성이 큽니다. 이럴 경우 물이 홈을 지나면서 홈은 더욱 깊어지고 물길도 커지겠죠. 이제 공간은 파인 홈에 의해 결정되며, 홈이 파여 있지 않은 공간은 불필요한 공간이나 보조적인 공간이 되어버리고 맙니다. 매끈한 공간이란 바로 우리의 현실에서 경험하는 홈이 파인 공간과는 다른 이념적인 공간을 뜻합니다. 말하자면 매우 추상적인 공간인 셈이죠. 따라서 이러한 추상적인 공간을 건축적으로 실현하는 것은 무척이나 힘든 일입니다.

| 아이젠먼 | 들뢰즈 씨가 홈이 파인 공간을 설명할 때, 저는 건축에서 루이스 칸Louis Kahn, 1901~1974이 말하는 '주 공간served space'과 '보조 공간serving space'의 구별이 떠올랐습니다. 루이스 칸은 건물을 설계할 때 주 공간과 보조 공간으로 처음부터 구별하고 설계해야 한다고 보았습니다. 가령 거주용 집의 경우 주 공간은 침실, 거실, 부엌 등이 되고, 복도나 계단 등은 보조 공간이 될 것입니다. 이렇게 분명하게 구분한 다음 설계해야 적합한 공간을 지닌 건축물이 탄생한다는 거지요. 매우 당연한 듯한 이 구분은 사실상 문제가 있습니다. 복도나 계단 등의 보조 공간은 일종의 통로

가 되면서 주 공간들을 기능적으로 엄격하게 구분시킵니다. 공간의 다양성이 완전히 억제되는 겁니다. 콜하스는 주 공간과 보조 공간을 허물어뜨림으로써 오히려 과거보다 훨씬 더 기능적인 건축물들을 만들어냈습니다. 시애틀 공공 도서관은 그 대표적인 사례라고 할 수 있지요. 이렇게 보자면 들뢰즈 씨의 매끈한 공간이 건축에서 구체적으로 적용될 수 없는 것은 아니라고 봅니다.

|들뢰즈| 당연히 옳은 지적입니다. 매끈한 공간이나 주름의 개념이 건축에 구체적으로 적용되는 것이 원천적으로 불가능하다는 말은 아닙니다. 주름이나 매끈한 공간이 지닌 철학적인 의미 혹은 그 추상적인 정도를 적절하게 고려해야 한다는 말입니다. 실제로 아이젠먼 씨가 들었던 콜하스의 시애틀 공공 도서관의 경우 많은 이들이 주름의 개념과 관련하여 설명합니다. 하지만 이들의 설명을 보면 이 건물이 제가 말하는 주름을 형상적으로 잘 표현했다는 식으로 신비적이거나 납득할 수 없는 설명을 늘어놓습니다. 저도 이해되지 않는데 그렇게 설명하는 사람들 자신은 분명하게 이해하고 있는 것인지 의심스러울 때가 많습니다.

|베르컬| 맞습니다. 저는 들뢰즈 씨의 다이어그램 개념을 건축 디자인의 한 방법론으로만 활용할 뿐입니다. 다이어그램이란 결국은 엄밀한 체계가 아닌 잠재적인 변형과 이탈을 허용하는 느슨한 체계를 의미하는 것이라고 봅니다. 제가 네덜란드 아른험Arnhem의 종합 터미널을 설계할 때 클라인 병을 다이어그램으로 활용한 것은 클라인 병의 모델이 지금까지 엄격하게 구분했던

개념적인 사고방식과는 다른 체계를 보여주기 때문이었습니다. 그것은 일종의 연속성의 모델입니다. 뫼비우스의 띠가 겉과 속의 단절이 아닌 연속을 나타내듯이 클라인 병의 구조도 마찬가지입니다. 이러한 연속성의 다이어그램은 기차역과 버스, 트램 tram(무궤도 전차), 대합실을 단절이 아닌 연속의 공간으로 묶어 설계할 수 있도록 만들어주었습니다. 물론 결과적으로 기능적인 면에서도 훨씬 더 훌륭한 것은 말할 나위가 없습니다.

| 박영욱 | 네, 아주 흥미로운 대화들이 오가는군요. 하지만 기왕에 데리다 씨와 들뢰즈 씨가 한자리에 앉으셨으니, 건축과는 조금 관계가 없지만 평소 궁금했던 점을 여쭙고 싶군요. 물론 베르컬 씨나 아이젠먼 씨가 대화에서 소외되어야 할 이유는 하나도 없습니다. 제가 먼저 질문을 하나 던지도록 하겠습니다. 데리다 씨나 들뢰즈 씨는 모두 헤겔 철학을 극복의 대상으로 삼고 있는 듯합니다. 두 분에게 헤겔 철학은 어떤 의미를 지니는지 간단한 설명을 부탁드립니다.

| 데리다 | 극복의 대상이라는 표현은 적어도 제게는 적절치 않습니다. 저는 근본적으로 헤겔의 철학과 대립의 입장에 있지 않습니다. 잘 아시다시피 저는 청년 헤겔의 철학 텍스트에 대해 꼼꼼하게 주석을 단 『조종Glas』(1974)이라는 책도 발표한 적이 있습니다. 심지어 저를 청년 헤겔주의자라고 말하는 사람들도 있고요.

| 들뢰즈 | 헤겔의 변증법에 관한 한 저와 데리다 씨의 입장은 그다

지 차이가 난다고 보지는 않습니다. 데리다 씨의 철학과 저의 철학을 묶어주는 공통적인 단어가 있다면 그것은 분명히 '차이différence'라는 개념일 것입니다. 물론 이때 '차이'라는 말은 데리다 씨가 사용하는 '차연différance'이라는 말을 포괄하는 의미로 사용해야 할 것입니다. 궁극적으로 제가 말하는 '차이'나 데리다 씨의 '차연'은 변증법적인 '모순'의 개념과 대립된다고 봅니다. 헤겔의 철학은 사실상 차이를 인정하지 않고 있습니다. 헤겔은 『논리학』에서 "차이는 이미 그 자체로 즉자卽自적인 형태의 모순이다"라고 말합니다. 헤겔의 궁극적인 사고는 차이를 지양하고 모순만을 인정하는 철학이라고 할 수 있습니다.

|박영욱| 모순과 차이가 어떻게 다른지 설명을 부탁드립니다.

|데리다| 모순과 차이는 헤겔의 철학 내에서도 명확하게 구분되어 있습니다. 헤겔은 『논리학』에서 '차이Unterschied'(엄밀하게 말하면 '구별')라는 범주를 모순보다 하위의 범주로 봅니다. 차이는 '상이성Verschiedienheit'이라는 원칙에 근거합니다. 상이성이란 아주 간단한 원리입니다. 가령 박영욱 씨와 저는 다른 사람입니다. 아무 상관도 없는 다른 사람일 뿐이죠. 저는 박영욱 씨처럼 잘생기지도 않았고 한국말도 잘하지 못합니다. 둘 다 아무 관계가 없는 다른 존재지요. 바로 이렇게 서로 다르기 때문에 두 사람은 차이가 나며 구별되는 것입니다. 이것이 헤겔이 말하는 '차이'이지요. 철학적으로 말하자면 두 사람이 서로에 대해서 무관하게gleichgültig 존재한다는 것이지요. 하지만 모순은 다릅니다. 처음에는 박영

욱 씨가 저와는 상이한 존재이고 각기 개별적으로 아무런 상관 없이 무관하게 존재하는 사람처럼 보이지만 알고 보면 그렇지 않습니다. 인종적으로 저는 백인이며 박영욱 씨는 황인입니다. 그런데 알고 보면 제가 백인인 이유는 황인이 존재하기 때문이지요. 황인, 흑인 등이 없다면 백인이라는 것 자체가 없을 테지요. 처음에는 나와 무관하다고 생각하던 것들이 알고 보면 나와 무관한 것이 결코 아니지요. 나를 어떤 특정한 존재로 규정하기 위해서는 처음 나와 무관하다고 여겼던 다른 존재와 반드시 비교해야 합니다. 바로 이러한 사태를 헤겔은 차이(혹은 구별)의 사태가 아닌 '대립^{Gegensatz}'의 사태라고 말합니다. 대립이란 긍정적인 것$^{das\ Positive}$과 부정적인 것$^{das\ Negative}$이 서로 공존하는 사태와 같은 것입니다. 이것이 대립적인 이유는 무척 흥미롭습니다. 긍정적인 것이란 말 그 자체로 긍정적인 것입니다. 말하자면 어떤 것에 대한 부정으로 존재해서는 안 된다는 것이지요. 그럴 경우 긍정적인 것은 이미 부정적인 것이 되어버릴 테니까요. 그런데 긍정적인 것은 부정적인 것 없이는 존재하지 않습니다. 흑인이나 황인 없이는 백인이 존재하지 않는 것과 마찬가지죠. 이렇게 긍정적인 것이 부정적인 것 없이 존재하지 않는다는 것은 이미 긍정적인 것이란 부정적인 것이 아니라는 규정을 가지고 있다는 말이지요. 이렇게 보자면 긍정적인 것은 이미 부정적인 것입니다. 긍정적인 것은 어떤 것의 부정이 아닌 긍정적인 것이어야 하는데 이미 부정적인 것이 되어버렸다는 사실 때문이죠. 말하자면 긍정적인 것은 그 자체가 이미 부정적인 것이기 때문에 이는 모순적인 사태일 수밖에 없다는 것이지요. 이렇게 해서 헤겔은 대립적인 것은 이미 모순적인 것이라고 말합니다. 여기서 헤겔의 논법은 이러합니다. 모든 존재는 모순관계에 있고(이것이 변증법의 핵심입니다) 차이란 사실상 존재하지 않으며 그것은 아직까지 세상을 보는 식견을 지니지 못한 낮은 단계의 지성에서 드러나는 사태일 뿐이라는 겁니다. 말하자면 저와 박영욱 씨가 그저 다르다고 생각하는 것은 변증법적 통찰력이 부족한 데서 비롯된 어설픈 판단입니다. 저와 박영욱 씨는 모순관계에 있다는 거지요. 서로 무관하게 존재하는 것처럼 보이지만 이미 여러 매개의 과정을 거치면서 서로 얽혀 있다는 겁니다. 서로 무관하다고 믿었던 타자의 존재 없이는 자신에 대한 규정도 불가능하다는 것이지요. 여기서 헤겔의 변증법에 관해 들뢰즈 씨와 제가 보는 관점의 차이가 나타난다고 봅니다. 저는 헤겔이 비록 모순의 범주에 의해 차이의 범주가 지양되었다고 표현하지만, 지양 Aufheben이라는 말은 하나의 수식어일 뿐 헤겔 철학에서 차이는 여전히 제거되지 않고 남아 있다고 봅니다.

|들뢰즈| 확실히 여기서 데리다 씨와 저의 관점이 나뉘는군요. 사실 저는 헤겔의 총체성보다는 칸트의 '이념'이나 바뤼흐 더 스피노자 Baruch de Spinoza, 1632~1677의 '실체', 또는 라이프니츠의 '모나드 monad'라는 개념을 선호하며, 이들의 철학을 헤겔의 변증법과는 대립적인 것으로 읽고자 했습니다.

|데리다| 저는 칸트나 장자크 루소 Jean-Jacques Rousseau, 1712~1778, 혹은 플라톤의 텍스트들을 해체하고자 했는데, 의외로 헤겔의 철학에

서 해체론적인 방법론의 단서를 보게 된 셈이지요.

|박영욱| 두 분의 견해 차이에 대해서는 많은 사람들이 관심을 가질 듯한데요. 특히 흥미로운 사실은 두 분 모두 정신분석학에 대해서도 서로 다른 입장을 지니고 있다는 점입니다.

|데리다| 사실 정신분석학은 방법론적으로 보아 상당히 해체론적 텍스트 구성과 흡사한 점이 많습니다. 프로이트의 텍스트를 잘 읽어보면 프로이트 정신분석학을 지탱하는 것은 제가 제시하는 텍스트 이론과 흡사하다는 것을 느낄 수 있습니다. 가령 '차연différance'의 동사 형태인 'différer'는 '지연되다'라는 뜻도 지니는데, 이때 지연이라는 말은 프로이트 텍스트에서 사용되는 '지연Spärung'이라는 말과 거의 흡사합니다. 정신분석학에 따르면 유아기에 트라우마trauma(영구적 정신장애를 남기는 정신적 외상이나 충격)를 형성한 사건은 그 자체로 고정된 의미를 지닌 것이 아닙니다. 그 사건은 무의식에 내재되어 억압받고 있습니다. 그 원초적인 사건은 경우에 따라서는 평생 동안 무의식 속으로 영원히 추방당해 아무런 의미를 지니지 않을 수도 있습니다. 그 사건의 의미는 영원히 지연되고 있는 것입니다. 그런데 문제는 그 트라우마적 사건을 연상시킬 만한 경험을 다시 하게 될 때입니다. 이 경우 갑작스럽게 억압된 트라우마적 사건이 개입하게 됩니다. 그리하여 의미를 띠게 됩니다. 하지만 이때 의미는 항상 원래 겪었던 사건의 원초적인 의미로 고정되어 나타날 수 있는 것이 아닙니다. 프로이트의 환자였던 '늑대인간'의 사례를 보더라도 쉽

게 알 수 있습니다. 늑대의 모습이 나타나 자신을 괴롭힌다는 이 환자의 증상은 정신분석의 대화 치료를 통해 밝혀집니다. 어린 시절 자신의 집에 있던 하녀가 몸을 수그리고 청소하는 뒷모습을 보면서 야릇한 성적 충동을 느꼈던 것입니다. 자신이 느낀 성적 충동에 대해 이 아이는 몹시 심하게 죄책감을 느꼈습니다. 아이는 이 짜릿한 성적 충동을 죄악시하면서도 원합니다. 늑대의 모습은 하녀의 섹시한 뒤태가 이 사람을 괴롭히는 처벌적인 양상을 띠고 나타난 환영입니다. 사실 하녀의 뒷모습을 보고 성적 충동을 느낀 데 대해 죄책감을 느낀다는 것은 잘 납득이 되지 않습니다. 그렇기 때문에 그런 죄책감을 느끼게 된 데는 뭔가 더 근본적인 이유가 존재할 것이라고 충분히 추측할 수 있습니다. 프로이트가 더욱 파고든 결과 환자에게서 중요한 고백을 얻어냅니다. 어린 시절 낮잠을 자다가 깨서 우연히 엄마의 정사 장면을 목격한 것이지요. 아마도 엄마의 뒤태가 이 아이에게 사진처럼 박혀 있었나 봅니다. 하녀의 몸을 보고 성적 충동을 느낀 것은 바로 엄마에 대한 성적 충동과 마찬가지인 셈이지요. 여기서 우리는 중요한 사실을 발견합니다. 하녀의 엉덩이를 본 사건이 결정적인 의미를 지니는 것은 엄마의 정사 장면을 목격한 과거의 사건이 있기 때문입니다. 따라서 하녀의 엉덩이를 본 사건 자체의 의미는 보다 근원적인 사건, 즉 엄마의 정사를 목격한 과거의 사건을 통해 발생합니다. 하지만 거꾸로 하녀의 엉덩이를 보지 않았다면 최초의 사건인 엄마의 정사 장면을 목격한 사건은 이 아이에게 아무런 의미도 지니지 않고 무의식 속에 묻혀 있었을 것입니다. 따라서 사건의 의미는 서로 중첩적으로 만들어지는 것이고, 원초적인 사건의 의미 또한 이후의 우연적 사건에 의해 우연하게 돌발적으로 형성되는 것입니다. 이렇게 보자면 사건의 의미는 서로 다른 사건과 주고받으며 발생하며 하나의 의미는 단독적으로 결정되거나 고정된 의미를 지니지 않으며 항상 그 속에 다른 의미의 흔적을 포함합니다. 이런 점에서 프로이트의 정신분석학은 제가 제시한 해체론적 텍스트에 맞는 이상적인 모델이라 할 수 있지요. 더욱더 충격적인 것은 늑대인간의 경우 이 원초적인 사건 또한 조작된 것이라는 사실입니다. 엄마의 정사 장면을 목격했다는 환자의 진술 자체가 가짜였던 것이지요. 프로이트는 환자가 원초적인 사건을 자신의 입으로 발설하는 순간 끝났다고 보았습니다. 실제로도 환자의 상태가 많이 호전되고 더 이상 늑대의 환영이 나타나지 않았으니까요. 하지만 그것은 일시적인 호전에 불과했습니다. 이 사실이 프로이트를 몹시 당황스럽게 만들었지요. 정신분석학에 따르면 환자는 분명히 트라우마를 일으킨 사건이 발생하는 순간부터 치료가 완료되어야 했으니까요. 이렇게 되면 정신분석학의 대화 치료가 틀렸다는 반증이 될 수도 있지요. 하지만 프로이트는 더욱 엄청난 사실을 발견합니다. 이 원초적인 사건 자체가 조작된 것이었지요. 결국 원초적인 사건이라는 것도 존재하지 않을 수 있습니다. 이렇게 보자면 프로이트의 정신분석학은 더욱 해체론의 텍스트에 가까워지는 것이라고 할 수 있겠죠.

|박영욱| 데리다 씨가 정신분석학을 해체론의 이상적인 모델로 받아들이는 반면 들뢰즈 씨는 정신분석학에 대해 상당히 모호한

입장을 취하는 것 같은데요. 『안티 오이디푸스』나 『천 개의 고원』을 보면 정신분석학을 아예 노골적으로 비판하는 듯하지만, 알고 보면 정신분석학 자체를 비판하기보다는 그 환원론적 태도를 비판하는 듯한데요. 어찌 보면 들뢰즈 씨는 정신분석학에 대해 오이디푸스적인 관계, 즉 죽이고 싶을 정도로 미워하면서도 너무나 갈망하는 그러한 히스테리적 관계를 맺고 있는 것은 아닌지요?

| 들뢰즈 | 히스테리적 관계라…… 제가 제일 싫어하는 용어 중의 하나이지요. 사실 히스테리나 편집증은 복합적인 심리적 상태를 하나의 단일한 원인으로 소급하는 경향이 있습니다. 정신분석학의 공식적 탄생을 프로이트와 요제프 브로이어$^{Josef\ Breuer,\ 1842~1925}$의 『히스테리 연구$^{Studien\ über\ Hysterie}$』(1895)의 출간일로 잡는 것만 봐도 정신분석학은 히스테리 연구와 밀접한 관련이 있다는 것을 알 수 있습니다. 제가 『천 개의 고원』에서 문제 삼은 것도 바로 이 문제입니다. '늑대는 한 마리인가, 여러 마리인가?'라는 문제 제기는 상징적으로 프로이트 정신분석학의 환원주의적 특성에 대한 지적이지요. 원래 인간의 욕망은 분산적이고 파편적인 것입니다. 이에 반해 프로이트나 라캉, 특히 라캉의 경우에는 욕망이 상징적이고 언어적인 것으로 체계화되어 나타나는 경향이 있습니다. 라캉에게 욕망은 이미 체계화된 무의식의 상태를 일컫습니다. 그리고 그러한 욕망의 대상은 실재적인 것$^{le\ réel}$이라기보다는 상징적인 것$^{le\ symbolique}$입니다. 가령 인간이 돈을 욕망하는 것은 돈이라는 물질의 실재가 아니라, 돈의 상징성입니다. 이성에

대한 욕망도 마찬가지입니다. 아름다움도 실재가 아닌 하나의 상징이나 기호일 뿐인 셈이죠. 이렇게 라캉의 욕망은 상징적인 것에 제약되어 있습니다. 그러다 보니 욕망은 하나의 체계성을 지닌 것이지요. 제가 동의할 수 없는 것은 바로 욕망을 상징적인 것으로 제약하고 있다는 사실입니다. 장 보드리야르^{Jean Baudrillard, 1929~2007}나 장프랑수아 리오타르^{Jean-François Lyotard, 1924~1998}는 저보다 먼저 라캉의 욕망이 갖는 문제점을 제기했습니다. 보드리야르나 리오타르는 라캉의 무의식이 상징계와 언어의 세계에 제약되어 있다는 사실을 지적하고 이를 강하게 비판합니다. 다들 아실 테지만, 리오타르는 "꿈은 사유하지 않는다"라는 말을 했는데 이는 무의식은 본래 언어나 상징으로 사유하는 활동과는 완전히 다르다는 것을 주장하기 위한 것이지요. 그들은 무의식이란 아예 상징화하거나 체계화할 수 없는 어떤 이질적인 것이라고 생각합니다. 그들이 보기에 프로이트가 주장하는 무의식은 이러한 상징계 이전의 실재적인 것과 관련된 무의식인 데 반해 라캉의 무의식은 상징계나 언어의 세계에 제약된 무의식을 고집하고 있는 셈이지요. 하지만 저는 라캉뿐 아니라 프로이트 또한 그러한 경향이 있다고 봅니다. 뒤집어 말하면, 라캉 또한 상징계와는 상관없는 무의식적 욕망을 인정합니다. 그것은 라캉의 철학에서 '충동'이라는 용어로 나타납니다. 충동은 욕망과 달리 비체계적이고 파편적입니다. 충동은 배설물, 타액 같은 것에 대한 욕망으로서, 상징적인 다른 어떤 것으로 설명되지 않습니다. 직접적인 희열을 추구하는 것이 바로 충동의 특성인데, 이는 논리적으로 설명되지 않습니다. 라캉은 욕망이 상징적인 것임에 반해 충동은 실재적인 것이라고 말합니다. 욕망은 존재의 결핍에서 나오며 그것을 채우려 하는 소극적인 활동인 데 반해, 충동은 그 자체 존재의 결핍과 아무 상관이 없으며 생산적입니다. 이렇게 보자면 제가 말하는 욕망은 라캉의 충동이라는 개념과 더 가깝기도 합니다. 여하튼 욕망은 결여가 아닌 생산입니다. 그렇기 때문에 욕망은 어떠한 금기도 넘어서려 하며 그것과 타협하지 않습니다. 욕망은 분산적이기 때문에 분열증적입니다. 인간은 본래부터 분열증적이며 이러한 분열증적인 것을 막으려는 것이 체계와 관습입니다. 인간이 분열증적이라 함은 마치 떨어진 물이 어디로 튈지 모르는 매끈한 공간처럼 다양체라는 사실을 의미합니다. 다양체는 비체계적이며 분열증적인 것이지요. 제도나 관습은 원래 이렇게 분열증적이고 파편적인 욕망을 통제하는 코드라고 할 수 있습니다. 오이디푸스 콤플렉스에 바탕을 둔 정신분석학이 문제가 되는 것도 바로 이러한 사실 때문입니다. 정신분석학은 욕망을 분열증적인 것으로 보지 않습니다. 하나의 인위적인 코드에 불과한 오이디푸스 콤플렉스를 무의식적 욕망을 만들어내는 하나의 초역사적인 코드로 간주합니다. 오이디푸스 콤플렉스는 무의식 일반이 아닌 가부장제 사회, 즉 부르주아지 사회적 코드의 일반화일 뿐입니다. 그러니 정신분석학 자체가 하나의 이데올로기일 수밖에 없다는 것이지요. 물론 이에 대한 반박도 충분히 가능합니다. 오이디푸스 콤플렉스를 가부장제 사회의 코드로 해석하지 않아야 한다는 것도 그러한 반박 중 하나일 테죠. 하지만 중요한 사실은 제가 이렇게 정신분석학을 반박하고 있긴 하지만, 정신분석학 자체를 완전히 거부하는 것은 아니라는 점입니다. 히스테리 담론이 아닌 분열증 분석으로 대체하고자 하는 시도 역시 크게 보면 정신분석학과 무관한 것은 아니라고 할 수도 있을 테니까요.

|박영욱| 대화가 흥미롭게 진행되고 있습니다만, 아쉽게도 시간 관계상 이만 대화를 마무리 지어야 할 것 같습니다. 오늘 귀중한 시간 내주신 선생님들께 감사드립니다.

Jacques Derrida

Chapter 4

이슈
ISSUE

Gilles Deleuze

 이슈

과연 포스트모더니즘이 대세인가?

1990년대로 접어들면서 한국 사회에도 포스트모더니즘 postmodernism 이라는 말이 심심치 않게 들려왔다. 이 말은 주로 모더니즘이라는 용어의 대립어로 사용되었다. 사실 모더니즘을 우리말 그대로 번역하자면 '근대주의'가 될 것이다. 그런데 이 근대주의라는 말은 참으로 애매하다. 왜냐하면 '근대'(모던)는 특정한 역사적 시기를 나타내는 말인 반면에 '주의'(이즘)는 특정한 사상에 대한 믿음이나 집단적인 신념을 의미하기 때문이다. 이러한 애매함 때문에 혹자들은 모더니즘과 포스트모더니즘을 구분하기보다는 모더니티 modernity 와 포스트모더니티 postmodernity 를 구분한다. 모더니티를 우리말로 근대성이라 한다면 포스트모더니티는 말 그대로 탈근대성 정도로 번역할 수 있을 것이다. 그렇다고 해서 모더니티라는 말이 정의하기 쉬운 것은 아니다. 모더니티라는 말은 주로 철학적으로 많이 정의되지만 그 정확한 의미

규정이나 한계는 정해져 있지 않다.

모더니즘만 하더라도 우리가 일상적으로 사용하는 모더니즘과 예술에서의 모더니즘, 건축에서의 모더니즘, 철학적인 의미에서의 모더니즘이 모두 다르다. 일상적인 의미에서 '모던'하다고 말할 때는 주로 하나의 양식을 의미한다. 예를 들어 어떤 카페에 들어갔을 때, 그 카페의 분위기를 보고 모던하다는 말을 하는 경우가 있다. 이때 모던하다는 말은 하나의 양식(스타일)을 가리키는 말이다. 모던한 양식은 주로 앤티크antique 양식과 비교된다. 각이 반듯하고 기하학적이며 색상이 미니멀한 경향을 지닌 단순하고 깔끔한 양식을 모던한 양식이라고 한다면, 앤티크 양식은 화려한 문양과 주석이나 청동과 같은 재질, 말 그대로 고풍스러운 분위기를 나타내는 양식이다. 모던하다는 말이 주는 어감을 어렵지 않게 알 수 있다.

한편으로는 우리나라에서 1920~1930년대에 새로운 서구 문화의 영향을 받아 다방에서 커피를 마시며 담배를 피우고 격렬한 토론을 벌이는 모습도 모던한 스타일로 볼 수 있을 것이다. 건축에서는 르코르뷔지에나 미스 반데어로에Mies van der Rohe, 1886~1969와 같이 반듯하고 기하학적인 형태의 건물을 추구하는 것이 모더니즘의 대표적인 사례라고 할 수 있다. 이러한 건축 양식은 1920년대에 이르러 전 세계적으로 번져 나가 이른바 '국제주의 양식international style'으로 불리게 되었다. 오늘날 우리가 전 세계 어느 곳에서나 흔히 보는 직육면체 형태의 반듯한 건물은 이러한 국제주의 양식의 연장이며, 국제주의 양식의 상징이기도 하다.

이는 모더니즘의 이상을 단적으로 보여주는 것이기도 하다.

20세기 초에 독일에서 생겨난 바우하우스^{Bauhaus} 학교와 이를 주도한 발터 그로피우스$^{Walter\ Gropius,\ 1883~1969}$의 이상은 세계를 가장 반듯하고 이성적으로 디자인하겠다는 것이었다. 현대적인 의미에서 디자인은 바우하우스로부터 출발했다고 해도 과언이 아니다. 이들의 디자인 개념이 현대적인 이유는 디자인을 단지 상품의 겉 포장이나 단순한 장식으로 생각하지 않았다는 사실이다. 그들에게 디자인은 포장이나 장식 이상의 것으로, 인간의 사고방식이나 생활방식에 영향을 끼친다. 디자인은 언어처럼 인간과 세계를 연결하는 인터페이스^{interface}다. 표준화되고 반듯하며 체계적인 디자인은 세계 자체를 이성적인 것으로 체계화함을 의미한다. 따라서 세계를 체계화한다는 것은 우리의 삶을 합리적으로 만들고 체계화한다는 것을 의미한다.

바우하우스의 이러한 이상은 글자 디자인, 즉 타이포그래피^{typography}에서도 잘 드러난다. 타이포그래피란 말 그대로 글자의 형태, 즉 서체를 의미한다. 19세기 이전에 서양에서 출간된 책을 보면 오늘날의 책과 많이 다르다. 책의 모양이나 제본의 상태도 당연히 차이가 나지만, 무엇보다도 책 안에 인쇄된 글씨체가 가장 눈에 띈다. 마치 도장에 새겨진 문양처럼 알파벳의 모양이 매우 어지럽고 화려하다. 하지만 그로피우스는 글자란 명확한 의미 전달이 일차적인 목표라는 생각에서 매우 반듯하고 인식이 분명한 서체로 표준화하려 했다. 이러한 철학은 반듯하고 단순한 디자인이라는 바우하우스의 이념과도 부합하는 것이었으며, 그것은 곧 모더니즘의 이상이기도 했다.

모더니즘의 가장 두드러진 특징 중의 하나는 모더니즘의 원칙이 보편적이며 초역사적으로 타당하다는 신념에 바탕을 두고 있다는 사실이다. 모더니스트들은 자신의 원칙이나 이념이 역사적으로 특정한 한 시대의 양식에 불과하다는 생각을 하지 않았다. 가령 바우하우스의 지도자들 또한 그들의 이념이 가장 보편적이고 이상적이라고 생각했다.

모더니즘의 이상이 하나의 양식에 불과할 뿐만 아니라 많은 결점을 지니고 있다는 것이 드러나게 된 것은 철학에서보다는 다른 영역에서였다. 이미 잘 알려져 있듯이 모더니즘과 대립되는 의미에서 '포스트모더니즘'이라는 용어가 가장 먼저 대두된 영역은 건축에서였다. 그 이유는 모더니즘의 한계가 건축에서 가장 빨리 드러났기 때문이다. 가령 모더니즘을 대표한 건축가 반데어로에가 1950년대에 설계한 뉴욕 시그램 빌딩Seagram Building은 20세기 중반의 건축을 대표하는 상징이었다. 이 건물은 우리나라에서 김중업金重業, 1922~1988이 설계하고 청계천 세운상가와 더불어 1970년대 우리나라의 근대화를 상징했던 삼일빌딩의 모델이기도 했다. 이 모던한 건물은 처음에는 사람들에게 마치 모더니즘의 이상을 완전하게 실현하는 것처럼 보였다. 하지만 불과 20년도 지나지 않아 건물은 초라하고 낡은 양식으로 보였다. 시대를 벗어난 보편주의의 화신처럼 보이던 건축의 이상이 낡고 철 지난 과거의 허망한 꿈으로 드러난 것이다.

일본계 미국인인 미노루 야마사키Minoru Yamasaki, 1912~1986가 설계해 1955년 완성된 프루이트이고Pruitt-Igoe 주택은 당시 모더니즘의 이념을 상징적으로 보여준다. 이 주택은 우리나라가 1970년대 이후부터 지금까지 줄곧 추구해온 공동 주택인 아파트의 전형이라고 할 수 있다. 당시 이 주택은 최신의 건축물로 미래의 가장 이상적인 주거 모델로 간주되었지만, 불과 10년도 되기 전에 건물은 슬럼가로 변해 범죄의 온상이 되어 거주하던 사람들조차 떠나버리고 말았다. 결국 1972년 프루이트이고 주택은 폭파되었다. 이는 건축에서 모더니즘의 붕괴를 상징적으로 보여주는 사건으로 인식되었다.

건축에서 포스트모더니즘은 장식의 복귀와 관련이 있다. 건축사에서 항상 포스트모더니즘의 창시자로 평가받는 로버트 벤투리Robert Venturi, Jr., 1925~는 "적은 것이 많은 것이다Less is more"라는 루이스 설리번Louis Sullivan, 1856~1924의 금욕주의적이고 모던한 격률을 "적은 것은 지루한 것이다Less is bore"라는 말로 희화화했다. 그는 모더니스트들의 눈에는 비경제적이고 비효율적일 뿐만 아니라 애매하기까지 한 요소들을 건축물에 포함시켰다. 그의 건축물은 복합적이고도 서로 대립적인 요소들이 공존한다. 이는 타이포그래피의 경우에도 마찬가지다. 모더니즘 운동이라고 할 수 있는 신타이포그래피 운동을 주도했던 얀 치홀트Jan Tschichold, 1902~1974 같은 디자이너도 후기에는 보편적이고 가장 기능적인 고딕체만 고수하는 것을 포기했다. 타이포그래피는 다시 무수한 장식적 효과들이 개입하기 시작했다.

하지만 모더니즘에서 포스트모더니즘으로의 전환을 단지 기능으로부터 반기능으로의 변화로 이해해서는 결코 안 된다. 이보다는 기능에 대한 새로운 이해가 강조되어야 한다. 가령 타이포그래피의 경우 모더니스트들은 글씨체가 글의 본래 기능에 충실해야 한다고 생각한다. 뒤집어 보면, 이렇게 본래 기능에 충실한 글씨체는 반드시 가장 단순하면서도 미학적으로 완결성을 지닌다고 믿은 것이다. 이것이 모더니즘의 근간이다.

하지만 이러한 완전성에 대한 집착은 어쩌면 모더니즘의 히스테리적 집착에 가까운 것일 수도 있다. 실제로 글씨체의 기능은 매우 다양하다. 가령 사랑하는 사람에게 줄 카드에 글씨를 쓸 때 우리는 뚜렷하게 읽혀야 한다는 기능만을 고려하지는 않으며, 예쁘고 화려한 서체를 동반한다. 이때 예쁘고 화려한 서체는 가독성을 떨어뜨릴 수도 있지만, 그 자체가 하나의 독특한 기능을 갖는다. 가독성을 목적으로 하자면 워드 프로세서로 고딕이나 명조 계열의 폰트만 사용해서 작성하고 출력하는 편이 나을 것이다. 기능이란 모더니스트들의 생각과 달리 엄청나게 많은 종류가 존재하는 것이다.

이미 충분히 짐작하겠지만 모더니즘은 자본주의 사회의 생활방식이나 세계관과 밀접한 관련이 있다. 왜냐하면 자본주의 사회란 상품 교환에 바탕을 둔 시장경제 사회이고, 이를 위해서는 모든 상품의 가치를 객관적인 가치, 즉 교환 가치로 환원할 수 있어야 하기 때문이다. 우리가 이미 보았듯이, 건축이나 디자인의 경우에 이러한 경향이 두드러짐을 쉽게 알 수 있다.

하지만 미술의 경우는 다소 예외적이다. 19세기 말부터 20세기 초·중반까지 지속되었던 회화의 모더니즘 경향은 오히려 반자본주의적이고 반근대적인 특성을 강하게 나타낸다. 이는 모더니즘 예술이 갖는 아방가르드avant-garde적인 특성 때문이다. 가령 독일의 표현주의나 칸딘스키의 추상화는 회화 자체를 위한 회화를 주창한다는 점에서 명백하게 모더니즘 경향을 드러내지만,

기존의 표현 양식이나 회화 자체를 거부한다는 점에서 대단히 전위적(아방가르드적)이다. 이러한 경향은 재스퍼 존스[Jasper Johns, Jr., 1930~], 바넷 뉴먼[Barnett Newman, 1905~1970], 로트코, 폴록 등과 같은 추상표현주의 화가들에게서도 예외는 아니다.

아방가르드의 특성은 한마디로 말하자면 기존의 관습이나 제도 혹은 이념에 결코 얽매이지 않는 전투적인 태도와 관련이 있다. 포스트모더니즘의 주창자인 리오타르는 이러한 이유에서 모더니즘 예술은 그 자체가 포스트모더니즘 예술이라고 주장한다. 가령, 뉴먼의 작품을 보면 어떠한 의미도 말할 수 없다. 뉴먼의 회화는 어떤 규칙으로도 포섭할 수 없는 것, 즉 그러한 코드화를 넘어선 어떤 것, 비재현적인 것의 재현을 나타내기 때문이다. 이런 점에서 리오타르는 뉴먼의 회화를 미가 아닌 '숭고[sublime]'의 개념과 관련짓는다. 뉴먼의 회화를 보고 감상자들이 구체적인 감정의 일치를 얻기는 거의 불가능할 것이다. 이러한 그림에서 느끼는 감정은 말로 전달될 수 있는 것이 결코 아니다. 굳이 말로 표현하자면 각기 다르게 표현할 것이다. 이러한 상태에서 각기 다른 판단은 그 자체로 존중되어야 한다. 이로부터 리오타르가 포스트모더니즘의 원형을 발견한 것은 결코 무리가 아니다.

오늘날 데리다의 해체주의나 들뢰즈의 차이의 철학 또한 포스트모더니즘이라는 큰 틀에서 이해된다. 하지만 데리다의 해체주의나 들뢰즈의 철학을 단순히 포스트모더니즘이라는 맥락에 넣는 것은 이들 철학이 가진 풍부함을 죽이는 것이기도 하다. 셰익스피어의 『햄릿[Hamlet]』(1601)이 선친의 유령으로부터 벗어날 수 없었듯이, 데리다는 카를 마르크스[Karl Marx, 1818~1883]의 유령으로부터 자유롭지 않다. 그 이유는 햄릿의 양심이 선친의 유령을 끊임없이 불러내듯이, 데리다의 마음속에 잔재한 해소되지 않는 그 무엇이 마르크스의 유령을 끊임없이 불러내고 있기 때문이다. 마찬가지로 들뢰즈의 차이의 철학 또한 모더니즘의 붕괴와 더불어 마르크스주의까지 덩달아 붕괴시키고자 하는 것은 결코 아니다. 그의 철학에서 마르크스주의가 재생산될 수 있는 소생의 가능성을 본다면, 그의 철학 자체가 모더니즘의 거부라는 단순한 도식에 집착하지 않음을 알 수 있을 것이다.

에필로그
Epilogue

1 지식인 지도
2 지식인 연보
3 키워드 찾기
4 깊이 읽기
5 찾아보기

Epilogue1
지식인 지도

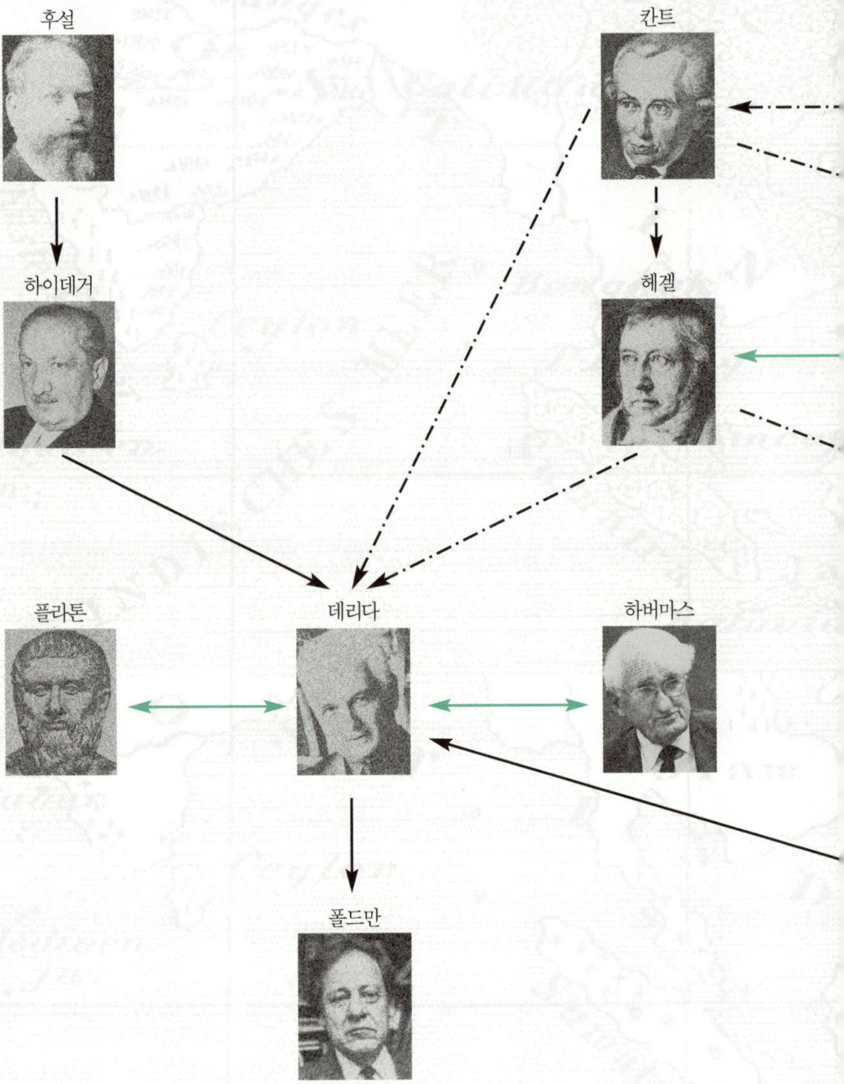

후설

하이데거

칸트

헤겔

플라톤

데리다

하버마스

폴드만

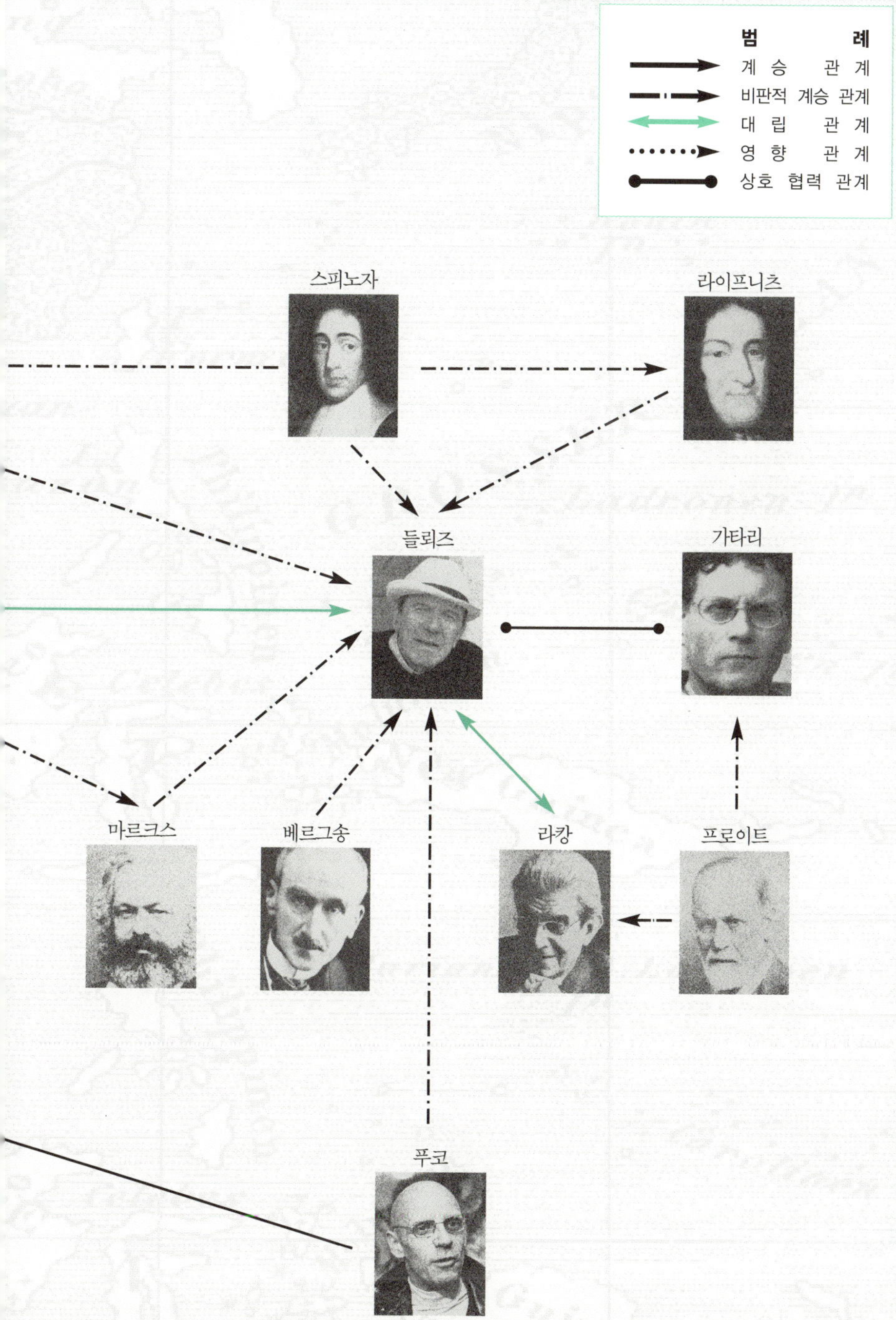
범 례
계 승 관 계
비판적 계승 관계
대 립 관 계
영 향 관 계
상호 협력 관계
스피노자
라이프니츠
들뢰즈
가타리
마르크스
베르그송
라캉
프로이트
푸코

Epilogue 2

지식인 연보

• 자크 데리다

1930	프랑스령 알제리에서 출생
1950	프랑스로 유학, 고등사범학교(École normale supérieure)에서 헤겔 연구가 장 이폴리트(Jean Hyppolite) 문하에서 철학 공부
1952	쇠렌 키르케고르(Søren Kierkegaard)와 하이데거의 사상을 비롯해 본격적인 철학 공부 시작
1956	미국 하버드 대학에서 1년간 방문 연구원으로 근무
1960~1964	파리 대학에서 강의
1964	에드문트 후설(Edmund Husserl)의 「기하학의 기원(Die Ursprung der Geometrie)」을 번역하고 긴 서문을 붙인 공로를 인정받아 장 카바예스(Jean Cavaillès) 상 수상
1966	존스홉킨스 대학 학술회의에서 강연한 「인간 과학의 담론 속에서 본 구조, 기호 그리고 놀이(Structure, Sign, and Play in the Discourse of the Human Sciences)」가 호평을 받으며 해체론이 인정받기 시작
1967	『목소리와 현상(La voix et le phénomenè)』, 『그라마톨로지에 관하여』, 『글쓰기와 차이』 출간
1972	대담집 『입장들(Positions)』과 『산종』, 『철학의 여백(Marges – de la philosophie)』 출간
1978	『에프롱: 니체의 양식(Éperons. Les styles de Nietzsche)』, 『회화에서의 진리』 출간

1979	「살아가기: 경계선상」 발표
1980	『우편엽서: 소크라테스부터 프로이트까지 그리고 그것을 넘어서 (La carte postale, De Socrate à Freud et au-delà)』 출간
1981	프라하에서 체코 저항 지식인들과 모임을 가진 후 체포되었다가 프랑스 정부의 도움으로 석방
1983	국제철학학교(Collège international de philosophie)를 창설하고 초대 교장으로 취임
1984	고등사회과학원(École des Hautes Études en Sciences Sociales)의 철학 교수로 취임
1986	어바인 캘리포니아 대학 정규 방문교수로 임명됨
1993	『마르크스의 유령들(Spectres de Marx)』 출간
2004	췌장암으로 사망

• 질 들뢰즈

1925	프랑스 파리 출생
1944	카르노(Carnot) 고등학교 졸업
1944~1948	파리 대학에서 철학 수업 수강
1948	철학 교사 자격 획득
1948~1957	아미앵, 오를레앙, 루이 르 그랑 고등학교에서 철학교사로 근무
1953	『경험주의와 주관주의자(Empirisme et subjectivité)』 출간
1957~1960	파리 대학 철학사학과 조교
1960~1964	국립과학연구소(Centre National de la Recherche Scientifique)에서 연구원으로 근무
1962	『니체와 철학(Nietzsche et la philosophie)』 출간
1964	『프루스트와 기호들(Proust et les signes)』 출간
1964~1969	리옹 대학 강사로 근무
1968	박사학위 논문 「차이와 반복(Différence et répétition)」 발표
1969	가타리와 만나 함께 작업할 계획을 세움
1972	『안티 오이디푸스』 출간(가타리와 공저)
1975	『카프카(Kafka: Pour une Littérature Mineure)』 출간(가타리와 공저)
1980	『천 개의 고원』 출간(가타리와 공저)
1981	『감각의 논리』 출간
1983	『시네마 I(Cinéma I)』 출간(1985년 제2권 출간)
1988	『주름, 라이프니츠와 바로크(Le pli - Leibniz et le baroque)』 출간
1995	자신의 아파트에서 투신하여 자살

Epilogue 3

키워드 찾기

- **차이** difference 차이란 동일성과 대립되는 용어이다. 차이란 말 그대로 다른 것을 의미한다. 동일성과 대립된다는 광의의 의미로 보면 이 책에서 다루는 데리다와 들뢰즈의 사상은 모두 동일성이 아닌 차이를 강조한다. 하지만 데리다의 경우에는 차이라는 말이 동일성의 개념에 효과적으로 대응하기에는 한계가 있다고 보고, 차이라는 용어를 차연이라는 용어로 대체한다. 한편 들뢰즈는 차이라는 말을 더 잘 드러내기 위해서 '차이 자체'라는 말을 사용한다.

- **반복** repetition 대부분 반복을 같은 것이 되풀이되는 현상으로 생각한다. 하지만 들뢰즈에게 반복이란 결코 같은 것의 되풀이가 아니다. 니체의 주사위 던지기처럼 주사위를 던지는 행위를 반복하지만 항상 똑같은 결과가 되풀이되는 것이 결코 아니다. 들뢰즈는 반복을 같은 것, 즉 동일성을 만들어내는 기제로 생각하지 않는다. 그에 따르면 반복은 오히려 차이를 만드는 것이며, 차이는 반복의 결과이다.

- **파레르곤** parergon 파레르곤은 에르곤(ergon)과 대비되는 용어이다. 에르곤이 작품의 본질을 의미한다면 파레르곤은 작품의 본질이 아닌 주변적인 것 혹은 장식적이거나 부수적인 것을 의미한다. 데리다에 따르면 예술작품에는 원래부터 본질적인 것과 주변적인 것을 구분하는 틀 따위는 존재하지 않는다. 오히려 본질적인 것도 아니고 주변적인 것도 아닌 틀 자체가 예술작품의 의미이다. 이는 곧 파레르곤이라 할 수 있다.

- **도식** scheme 칸트에 따르면 인간의 지성적 사유가 가능하기 위해서는 반드시 감성적인 상상력이 필요하다. 가령 원이라는 개념을 이해하려면 원이라는 형상을 머릿속에 떠올릴 수 있어야 한다. 이때 원이라는 형상은 특정한 원의 형상이 아니라 모든 원에 공통적으로 적용될 수 있는 형상이다. 따라서 이 형상은 원이

라는 개념이 가능하기 위한 일종의 규칙이라고 할 수 있다. 이렇게 상상력에 의한 보편적 형상을 칸트는 도식이라고 부른다.

* **문화산업**cutural industry 호르크하이머나 아도르노의 『계몽의 변증법』에서 다루어지는 핵심적인 용어 중의 하나이다. 자본주의 사회에서 자본의 이윤추구 대상은 사회의 모든 영역에까지 미친다. 20세기 들어서 대중매체의 등장과 함께 자본의 본격적인 이유추구의 대상이 된 영역이 바로 예술과 문화의 영역이다. 호르크하이머나 아도르노는 이렇게 예술을 포함한 문화 일반의 영역이 자본의 통제 하에 들어간 현상을 지칭하게 위해서 문화산업이라는 용어를 제시한다.

* **파르마콘**pharmakon 원래 약을 지칭하는 희랍어이다. 플라톤에 따르면 소크라테스는 문자(글)를 파르마콘에 비유하였다. 그 이유는 약이란 경우에 따라서는 말 그대로 약이 되지만, 반대로 독이 될 수도 있기 때문이다. 가령 두통약은 통증에는 좋지만 위에는 매우 큰 손상을 가져온다. 마찬가지로 문자는 말을 기록하여 영원히 보존하고 널리 전파할 수 있지만, 말하는 사람으로부터 벗어나서 의도가 왜곡되어 말 자체의 의미를 헤칠 수도 있다.

* **다양체**multiplicity 다양성과 혼동해서는 안 된다. 다양성이란 외형상 다채로움을 의미한다. 하지만 들뢰즈의 다양체는 어떤 존재 자체가 지니고 있는 무궁무진한 잠재적 가능성을 의미한다. 이 세상의 어떤 존재도 무궁무진한 잠재성을 지닌다. 우리가 알고 있는 사물의 모습은 다양체로서의 그 사물이 겉으로 드러난 일부의 외양에 지나지 않는다. 간혹 사물에 대한 우리의 정보를 사물 자체와 동일한 것으로 간주할 경우 우리는 사물 자체가 지닌 잠재성을 차단하고 있는 것이다.

* **합목적성**purposiveness 어떤 존재에 목적이 내재해 있음을 의미하는 말이다. 가령 비행기의 날개는 그냥 존재하는 것이 아니다. 동체가 날 수 있고 나는 동안에는 균형을 유지할 수 있기 위한 것이다. 따라서 비행기의 날개는 어떤 목적을 지니고 있는 것이다. 나아가 어떤 비행기의 날개가 비행과 균형유지에 적합한 모습으로 만들어져 있을 때 그것을 합목적적이라고 부를 수 있을 것이다.

* **미장아빔**mise-en-abyme 말 그대로 하자면 거울배치가 되겠지만, 일반적으로 액자를 소설이나 영화를 지칭하는 용어이다.

* **주인과 노예의 변증법**dialectics of mater and slave 헤겔의 대표적인 저서 중 하나인 『정신현상학』의 '자기의식' 장에 나오는 일부분의 변증법적 전개과정을 주인과 노예의 변증법이라고 일컫는다. 헤겔은 인간을 자기의식으로 묘사한다.

이때 인간의 자기의식은 결코 대상과 의식의 관계에서 형성되는 것이 아니다. 인간의 자기의식은 항상 다른 인간의 자기의식과 갈등 관계를 맺는다. 이러한 관계가 없이는 인간의 의식은 자기의식이 될 수조차 없다. 그런데 각각의 인간은 서로 타자를 지배하여 자신이 자유로워지려 한다. 그리하여 자기의식들은 서로 투쟁의 관계에 빠질 수밖에 없다. 이러한 투쟁에서 승리한 자기의식은 주인이 되며 패배한 자기의식은 노예가 된다. 그런데 헤겔에 따르면 이 투쟁은 단지 주인의 승리로 끝나는 해피엔딩이 아니다. 주인은 자신의 삶을 전적으로 노예에 의지해야 하며 자립적인 삶의 능력을 상실한다. 노예가 없는 주인은 더이상 주인이 아니기 때문이다. 따라서 주인은 노예에 의존적인 존재가 되고 마는 것이다.

• **표상**representation 재현이라고 번역하기도 하며 때로는 표상이라고 번역하기도 한다. 표상을 의미하는 영어의 representation이나 불어의 représentation에 비해서 독일어의 Vorstellung은 재현이라는 의미보다 표상이라는 의미를 보다 명확하게 나타낸다. Vorstellung이란 vor(앞에) stellen(가져다 놓음)의 합성어이기 때문이다. 말하자면 어떤 것을 앞에다 가져옴이 표상일 터인데, 가령 내 앞에 있는 가죽으로 된 속이 비어있는 구를 보고 축구공이라고 부르는 것은 '축구공'이라는 표상을 그 사물 앞에 내세우는 것이라고 할 수 있다. 따라서 표상적 사고란 우리의 세상이나 사물을 우리의 개념 혹은 표상을 덧씌워서 설명하는 것을 의미한다.

Epilogue4

깊이 읽기

데리다 관련 1차 문헌

데리다의 비교적 많은 저서들이 국내에 번역이 되어 출간되었으며, 아직도 출간되고 있는 중이다. 잘 알다시피 데리다는 말놀이를 좋아하며, 그의 말놀이는 자신의 모국어인 불어를 중심으로 이루어진다. 물론 다른 대부분의 철학서들도 해당되는 바이지만, 데리다의 책은 이런 이유에서 특히 원서로 읽지 않으면 그 의미가 아예 전달이 되지 않는 경우가 많다. 최근 데리다의 번역서는 이러한 한계 때문에 번역자들이 꼼꼼하게 역주를 달아서 출간하는 듯하다. 여기서는 국내에 번역된 번역서들을 소개하도록 한다.

- 김웅권 옮김, 『그라마톨로지에 대하여』 — 동문선, 2004
- 김상록 옮김, 『목소리와 현상』 — 인간사랑, 2006
- 김다은과 황순희 옮김, 『에쁘롱 - 니체의 문제들』 — 동문선, 1998
- 진태원 옮김, 『법의 힘』 — 문학과 지성사, 2004
- 남수인 옮김, 『글쓰기와 차이』 — 동문선, 2001
- 김보현 편역, 『해체』 — 문예출판사, 1996
- 김재희, 진태원 옮김, 『에코그라피 - 텔레비전에 관하여』 — 민음사, 2002
- 양운덕 옮김, 『마르크스의 유령들』 — 한뜻, 1996
- 배의용 옮김, 『기하학의 기원』 — 지만지, 2008
- 남수인 옮김, 『환대에 대하여』 — 2004
- 이경신 옮김, 『불량배들』 — 휴머니스트, 2003

데리다 관련 2차 문헌

데리다의 전반적인 사상을 개괄적으로 소개하고 있는 책으로는 크리스토퍼 노리스의 『데리다』(시공사)를 추천할 만하다. 또한 국내 학자의 개괄적인 이론 연구서로는 김형효의 『데리다의 해체철학』(민음사)이 있다. 그밖에도 데리다의 사상을 여러 각도에서 조명한 많은 문헌들이 있으므로 각자의 관심사에 따라서 선별적으로 읽어보길 권한다.

- 크리스토퍼 노리스 지음, 이종인 옮김, 『데리다』 — 시공 로고스 총서 08, 시공사, 1999
- 김형효 지음, 민음사 『데리다의 해체철학』 — 민음사, 1993
- 페터 지마 지음, 김혜진 옮김 『데리다와 예일학파』 — 김혜진 옮김, 2001
- 에른스트 벨러 지음, 박민수 옮김, 『데리다-니체 니체-데리다』 — 책세상, 2003
- 존 레웰린 지음, 서우석, 김세중 옮김, 『데리다의 해체주의』 — 문학과 지성사, 1988
- 이광래 편, 『해체주의란 무엇인가』 — 교보문고, 1989

들뢰즈 관련 1차 문헌

최근 몇 년간은 들뢰즈의 붐이라고 해도 과언이 아닐 만큼 들뢰즈의 저작이나 연구가 활발하게 이루어졌다. 더군다나 들뢰즈의 사상은 철학에 국한되지 않고 영화나 미술 건축, 심지어 음악의 분야에도 큰 영향을 끼치고 있다. 들뢰즈의 저작들 모두가 중요하겠지만, 들뢰즈의 사상을 핵심적으로 드러낼 수 있는 책을 고르자면 『차이와 반복』과 가타리와의 공저인 『천개의 고원』을 들 수 있다. 물론 들뢰즈의 다른 저서들이 이 저서들에 비해서 결코 덜 중요하다는 말은 아니다. 또한 『차이와 반복』이나 『천개의 고원』 역시 들뢰즈에 대한 이해가 없는 초보자들이 읽기에는 매우 난해하다. 그렇기 때문에 2차 문헌이나 다른 연구서들의 도움이 필요하다

- 김상환 옮김, 『차이와 반복』 — 민음사, 2004
- 하태환 옮김, 『감각의 논리』 — 민음사, 2008
- 김재인 옮김, 『천개의 고원』(가타리와 공저) — 새물결, 2001
- 이정우 옮김, 『의미의 논리』 — 한길사, 1999
- 이경신 옮김, 『니체의 철학』 — 민음사, 2001
- 박기순 옮김, 『스피노자의 철학』 — 민음사, 2001
- 유진상 옮김, 『시네마』 — 시각과 언어, 2002

- 유진상 옮김, 『시넴2』 — 시각과 언어, 2005
- 서동욱 옮김, 『프루스트와 기호들』 — 민음사, 2004
- 이찬웅 옮김, 『주름 – 라이프니츠와 바로크』 — 문학과 지성사, 2004
- 서동욱 옮김, 『칸트의 비판철학』 — 민음사, 2004
- 이강훈 옮김, 『매저키즘』 — 인간사랑, 2007
- 허경 옮김, 『푸코』 — 동문선, 2003
- 최명관 옮김, 『앙티 오이디푸스 – 자본주의와 정신분열증』(가타리와 공저), — 민음사, 2000

들뢰즈 관련 2차 문헌

들뢰즈의 사상을 개괄적으로 소개하고 있는 저서로는 로널드 보그가 쓴 『들뢰즈와 가타리』를 들 수 있다. 국내 연구자들의 연구서도 비교적 활발하게 출간되었는데, 이정우의 『시뮬라크르의 시대』는 들뢰즈의 초기 사상을 개괄적으로 이해하는 데 큰 도움이 된다. 또한 서동욱의 『차이와 타자』나 『들뢰즈의 철학』은 다소 이론적인 깊이감 때문에 초보자들이 부담스러울 수 있지만, 매우 꼼꼼하고도 필자의 깊은 사고가 담긴 들뢰즈 철학에 대한 좋은 연구서이다. 들뢰즈의 이미지론이나 영화이론의 기초에 대해서는 박성수의 『들뢰즈』를 읽어볼 만하다. 이진경의 저서 『노마디즘』은 분량이 매우 방대해서 읽기에 어려움이 있지만 들뢰즈와 가타리의 주저인 『천개의 고원』에 대한 매우 탁월한 해설서이다.

- 박성수 지음, 『들뢰즈와 영화』 — 문화과학사, 1998
- 박성수 지음, 『들뢰즈』 — 이룸출판사, 2004
- 서동욱 지음, 『차이와 타자』 — 문학과 지성사, 2000
- 서동욱 지음, 『들뢰즈의 철학 – 사상과 그 원천』 — 민음사, 2002
- 알랭 바디우 지음, 박정태 옮김, 『들뢰즈–존재의 함성』 — 이학사, 2001
- 이정우 지음, 『시뮬라크르의 시대 – 들뢰즈와 사건의 철학』 — 거름, 1999
- 그레고리 플래스먼 엮음, 『뇌는 스크린이다 – 들뢰즈와 영화철학』 — 2003
- 쉬잔 엠 드 라코트 지음, 이지영 옮김, 『들뢰즈: 철학과 영화』 — 열화당, 2004
- 마이클 하트 지음, 이성민 서창현 옮김, 『들뢰즈의 철학사상』 — 갈무리, 1996
- 로널드 보그 지음, 이정우 옮김, 『들뢰즈와 가타리』 — 새길, 1995
- 이진경 지음, 『노마디즘 1, 2』 — 휴머니스트, 2002

Epilogue5

찾아보기

ㄱ

가타리, 펠릭스 Guattari, Félix p. 114~116, 128-130, 172
『감각의 논리』 p. 159, 160
『감시와 처벌』 p. 159
개념 p. 14, 16~19, 21, 24, 35~38, 40~51, 64~66, 69, 70, 72~77, 84, 86, 97, 99, 111~114, 116, 120, 125, 129, 130, 134, 135, 148, 149, 155, 157, 158, 160, 163, 167~170, 172, 174~178, 183, 190, 194
『건축과 해체』 p. 157, 164
「겨울 풍경」 p. 28, 29
경계 p. 87, 88, 94~96, 101, 108, 156, 160, 161
공명 p. 116, 130, 131, 156
괴델, 쿠르트 Gödel, Kurt p. 27
국제 클랭 파란색 p. 20
국제주의 양식 p. 189
「그랑드자트 섬의 일요일 오후」 p. 94, 95
그로피우스, 발터 Gropius, Walter p. 190
『글쓰기와 차이』 p. 51
『기하학의 기초』 p. 26
김중업 p. 191

ㄴ

『논리학』 p. 148
뉴먼, 바넷 Newman, Barnett p. 194
니체, 프리드리히 Nietzsche, Friedrich p. 84

ㄷ

다빈치, 레오나르도 da Vinci, Leonardo p. 91, 92
다양체 p. 72, 75, 77, 124, 125, 127, 128, 163
대리보충 p. 56, 58-60
대리보충에 의한 대리보충 p. 58
대상의식 p. 136, 137
데리다, 자크 Derrida, Jacques p. 18, 30, 31, 50~67, 86~108, 132~149
데카르트, 르네 Descartes, René p. 26~30, 112, 113
도식 p. 37~43, 45, 73, 85, 158, 159, 195
돔이노 p. 165
드가, 에드가르 Degas, Edgar p. 82, 83
들뢰즈, 질 Deleuze, Gilles p. 18, 30, 31, 34~49, 68~85, 109~131, 152~185
디페랑스 p. 51~60

ㄹ

라 빌레트 공원 p. 154, 157, 164, 166, 167
라우라나, 루차노 Laurana, Luciano p. 27
라위스달, 야코프 판 Ruysdael, Jacob van p. 28, 29
라캉, 자크 Lacan, Jacques p. 116-119, 182, 183
레이, 맨 Ray, Man p. 81
렘브란트 Rembrandt p. 170, 171
로트코, 마크 Rothko, Mark p. 160

롱샹 성당 p. 165
뢸로, 프란츠 Reuleaux, Franz p. 111
루소, 장자크 Rouseau, Jean-Jacques p. 58
루카치, 죄르지 Lukács, György p. 25
뤽상부르 공원 p. 166
르코르뷔지에 Le Corbusier p. 113, 164, 165
리베스킨트, 다니엘 Libeskind, Daniel p. 152
리오타르, 장프랑수아 Lyotard, Jean-François p. 183
리좀 p. 125, 126, 128-130, 153, 163, 168

ㅁ

마네, 에두아르 Manet, Édouard p. 15~17
마르크스, 카를 Marx, Karl p. 194, 195
메를로퐁티, 모리스 Merleau-Ponty, Maurice p. 43
모나드 p. 178
「모나리자」 p. 92
모네, 클로드 Monet, Claude p. 65~67
모더니티 p. 188
모순 p. 146, 148, 176~178
모호이너지, 라슬로 Moholy-Nagy, László p. 81
몬드리안, 피터르 코르넬리스 Mondriaan, Pieter Cornelis p. 160
몰 mole p. 128, 129
뫼비우스의 띠 p. 174
무관심성 p. 92, 96, 98~100
문화산업 p. 35, 39, 40, 85
「물질과 기억」 p. 76
미스 반데어로에, 루트비히 Mies Van Der Rohe, Ludwig p. 189, 191
미장아빔 p. 105, 107, 108

ㅂ

바우하우스 p. 190, 191
바쟁, 앙드레 Bazin, André p. 82, 85
바타유, 조르주 Bataille, Georges p. 134, 135, 140~146
「방법서설」 p. 113
베르그송, 앙리 Bergson, Henri p. 76, 77, 80, 84
베르컬, 벤 판 Berkel, Ben van p. 152~185
베이컨, 프랜시스 Bacon, Francis p. 158~161
벤야민, 발터 Benjamin, Walter p. 81
벤투리, 로버트 Venturi, Robert p. 192
벨머, 한스 Bellmer, Hans p. 89, 90
보드리야르, 장 Baudrillard, Jean p. 83
보조 공간 p. 173
보편성 p. 96
뵐플린, 하인리히 Wölfflin, Heinrich p. 171
분자 molecule p. 128~130
브라크, 조르주 Braque, Georges p. 42

ㅅ

사물 자체 p. 74
사부아 주택 p. 165
「산종」 p. 54
상이성 p. 176
「생빅투아르 산」 p. 42
생텍쥐페리, 앙투안 드 Saint-Exupéry, Antoine de p. 46
설리번, 루이스 Sullivan, Louis p. 192
세잔, 폴 Cézanne, Paul p. 42, 43
「셰익스피어 인 러브」 p. 103
소쉬르, 페르디낭 드 Saussure, Ferdinand de p. 64, 66
소크라테스 Socrates p. 54-56, 59, 60
쇠라, 조르주 Seurat, Georges p. 94, 95
「수련」 p. 65-67
수목 p. 125-130

『순수이성비판』 p. 41
스피노자, 바뤼흐 더 Spinoza, Baruch de p. 178
실체 p. 89, 91, 92, 96

ㅇ
아도르노, 테오도어 Adorno, Theodor p. 35, 38-40, 80, 85
아방가르드 p. 193, 194
아우라 p. 81
아이젠먼, 피터 Eisenman, Peter p. 152~185
『안티 오이디푸스』 p. 114, 116, 128, 181
「압생트」 p. 82, 83
야마사키, 미노루 p. 191
『어린 왕자』 p. 46~48
에르곤 p. 92, 94, 95
연접 p. 123, 124, 127, 130, 156
위글리, 마크 Wigley, Mark p. 163
위반 p. 143
유클리드 기하학 p. 87~89, 152
이념 p. 73~75, 96, 125, 150, 178
『이방인』 p. 44
「이상도시」 p. 27, 28
이접 p. 123, 124, 130
이중인상 p. 148, 149
인상주의 p. 14~18
일반경제학 p. 142, 143

ㅈ
자기의식 p. 136, 137, 145
잠재성 p. 68~70, 72, 76, 77, 127, 130, 131, 172
재현주의 p. 30
「전원 음악회」 p. 15, 16

절단 p. 100, 101, 114~116, 119~121, 123, 126-128
『정신현상학』 p. 135, 136
제한경제 p. 147, 149
조르조네 Giorgione p. 15, 16
존스, 재스퍼 Johns, Jasper p. 194
존슨, 필립 Johnson, Philip p. 163
『존재와 시간』 p. 133
주 공간 p. 173
주인과 노예의 변증법 p. 135, 136, 139~141, 144, 146

ㅊ
차연 p. 50, 51, 64, 67, 68, 146, 147, 149, 175, 176, 179
차이 자체 p. 19, 46, 48, 50, 68, 69, 70, 72
『천 개의 고원』 p. 128
「천년여우」 p. 101~104, 106, 107
추미, 베르나르 Tschumi, Bernard p. 154, 157, 163~167
충동 p. 118~120, 124
치홀트, 얀 Tschichold, Jan p. 192

ㅋ
카라바조 Caravaggio p. 170, 171
카뮈, 알베르 Camus, Albert p. 44
칸, 루이스 Kahn, Louis p. 173
칸딘스키, 바실리 Kandinskii, Vasilii p. 160
칸트, 이마누엘 Kant, Immanuel p. 35~38, 40, 41, 43, 73~75, 91~93, 96~99, 158, 159, 178
『코라 엘 워크』 p. 155
코제브, 알렉상드르 Kojève, Alexandre p. 135
큐비즘 p. 42

크라우스, 로절린드 Krauss, Rosalind p. 107, 108
크라카우어, 지크프리트 Kracauer, Siegfried p. 85
클라인 병 p. 150, 174
클랭, 이브 Klein, Yves p. 19~21

ㅌ
타무스 Thamus p. 54~56
테우트 Theuth p. 54, 55
토트 Thoth p. 54~56
통접 p. 122~124
튈르리 공원 p. 166
틀 p. 94~96, 101

ㅍ
파르마콘 p. 55
『파이드로스』 p. 54
『판단력비판』 p. 41, 96, 97
포스트모더니즘 p. 188, 191, 192, 194
포토그램 p. 81
폴록, 잭슨 Pollock, Jackson p. 160
표상 p. 21, 23, 24, 44, 48, 77, 78, 80, 83~85

표상주의 p. 24
푸코, 미셸 Foucault, Michel p. 134, 158, 159
「풀밭 위의 식사」 p. 15
프로이트, 지그문트 Freud, Sigmund p. 116, 117
플라톤 Platon p. 53~55, 59, 60
필연성 p. 97, 146, 147

ㅎ
하디드, 자하 Hadid, Zaha p. 152, 163
하이데거, 마르틴 Heidegger, Martin p. 132~135, 139, 143
합목적성 p. 96~100
해체주의 p. 18, 89, 152, 154~157, 162~164, 194
헤겔, 게오르크 Hegel, Georg p. 60, 134~149
현실성 p. 76
호르크하이머, 막스 Horkheimer, Max p. 35, 38, 39, 80, 85
『회화에서의 진리』 p. 91, 94
힐베르트, 다비트 Hilbert, David p. 26, 27

⊙ 이 책의 저자와 김영사는 모든 사진과 자료의 출처 및 저작권을 확인하고 정상적인 절차를 밟아 사용했습니다. 일부 누락된 부분은 이후에 확인 과정을 거쳐 반영하겠습니다.

인류의 지성사를 이끌어온
100인의 지식인 마을 주민들